泰晤士河
博罗市场
60
117
51
198
63
133
194
176
74
144
3
66
97
43
137
62
80

162
伦敦动物园
56
27
105
13
演讲角
196
38
91
22
112
142
21

侦探手记

女王钻石失窃之谜

[法]快乐仙女工作室/著
[法]卡洛琳·艾罗　[法]苏莲与多玛工作室/绘　章　荣/译

天津出版传媒集团
新蕾出版社

图书在版编目 (CIP) 数据

女王钻石失窃之谜 / 法国快乐仙女工作室著；(法) 卡洛琳·艾罗，法国苏莲与多玛工作室绘；章荣译. -- 天津：新蕾出版社，2022.4
(X 侦探手记)
ISBN 978-7-5307-7147-1

Ⅰ. ①女… Ⅱ. ①法… ②卡… ③法… ④章… Ⅲ. ①智力游戏 - 青少年读物 Ⅳ. ① G898.2

中国版本图书馆 CIP 数据核字 (2021) 第 025666 号

Original Title: Disparition à Londres

津图登字：02-2019-251

书　　名：女王钻石失窃之谜　NÜWANG ZUANSHI SHIQIE ZHI MI
出版发行：天津出版传媒集团
新蕾出版社
http://www.newbuds.com.cn
地　　址：天津市和平区西康路 35 号 (300051)
出 版 人：马玉秀
策　　划：毕之莹　胡思雨
版权引进：毕之莹　胡思雨
责任编辑：胡思雨
美术编辑：王　燕
责任印制：王其勉
电　　话：总编办 (022)23332422
发行部 (022)23332351　23332679
传　　真：(022)23332422
经　　销：全国新华书店
印　　刷：天津海顺印业包装有限公司
开　　本：880mm × 1230mm　1/20
字　　数：150 千字
印　　张：7.5
版　　次：2022 年 4 月第 1 版　2022 年 4 月第 1 次印刷
定　　价：128.00 元

本书使用说明

大侦探，你好！当你打开这本书的时候，你就被赋予了一项神圣的使命。你需要发挥自己的侦探才能，根据书中的线索解开谜题，破解一连串神秘的失窃案。在破案时，你可能需要在伦敦的地图上做些标记或者求助相关人士。现在，先来看一下这本书的玩法吧！

注意！本书的阅读顺序不同于普通的书。破案时，你要根据找到的线索或提示跳到下一条线索。也就是说，No.1后面接的有可能不是No.2！所以在破案的过程中一定要做好标记，不要忘记自己的破案进程。如果你找到的线索不正确，而你又忘记了上一条线索的编号，那么你就会迷路！

以下是你需要的破案工具：

1. 一张伦敦地图

随书附赠一个信封，信封里面是一张伦敦地图。在破案过程中你可以随时取出地图查看。

在破案的过程中，你常常需要在地图上找到下一个目的地，特别是当你看到这个标志时。

请在地图上找到该地点并前往其数字对应的段落。

地图上有很多标着数字的黄色旗子，旗子上的数字对应的是本书线索的编号。注意时刻记录你所在的线索位置，因为如果你找错了线索，还需要重新回到上一条线索。

2. 一把刻度尺

将本书最后一页的最右侧沿虚线剪下来。在查看地图时，你需要用这把刻度尺来测量地点之间的距离并找到你要去的地方。

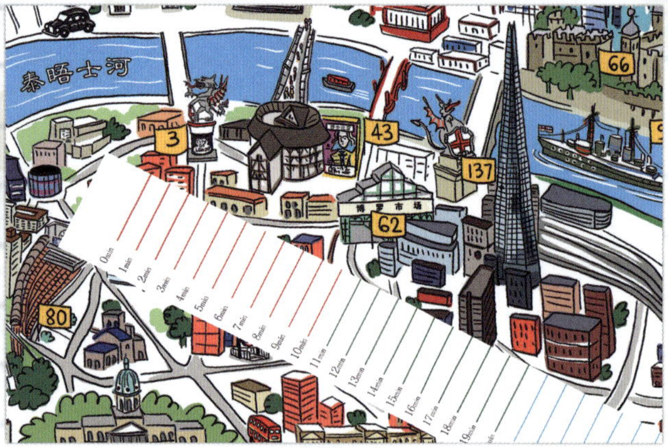

将刻度尺上的“0”放在起点上，用一根手指将尺子固定，但是不用按得太紧，因为还要旋转刻度尺的另一端。然后找到文字中提示的距离，如果线索显示需要步行6分钟，那么你需要在刻度尺上找到“6”，将刻度尺的另一端绕着起点旋转一圈，以“6”为半径锁定目的地的范围，接着根据文字里给出的其他线索，找到这个地点！你可以按这个方式在地图上画一个圈，再进一步寻找。

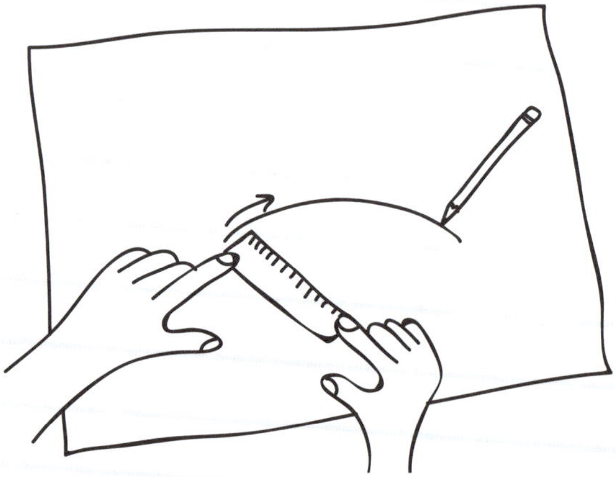

如果文中给出了你要找的目的地与另外两个地点之间的距离，那么你就可以如下图所示，画出两段弧线，这两段弧线交叉的地方就是你要找的目的地。

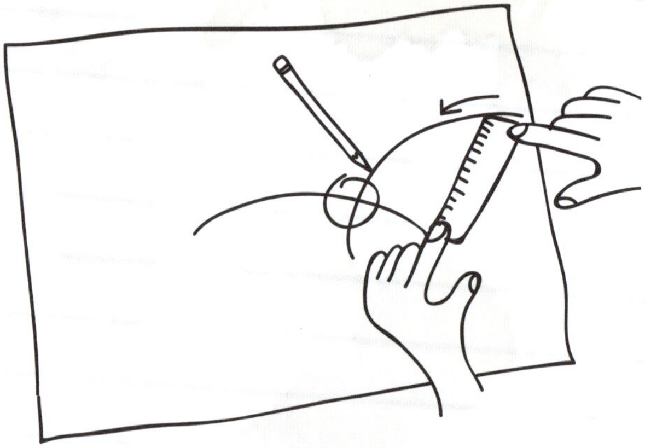

两个地点之间的距离以写有数字的黄旗之间的距离为准，可能会有一点点的误差。记住，测量时要以黄旗的旗杆脚下作为起点和终点。

3. 一张侦探评分表

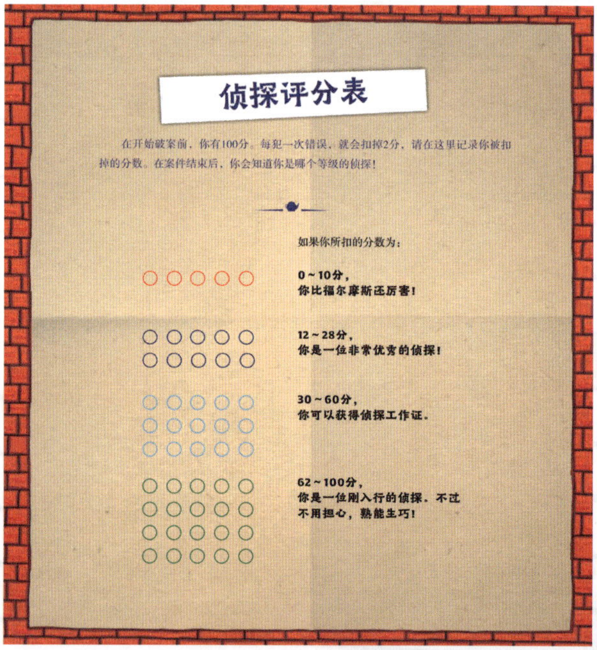
侦探评分表

在开始破案前，你有100分。每犯一次错误，就会扣掉2分，请在这里记录你被扣掉的分数。在案件结束后，你会知道你是哪个等级的侦探！

如果你所扣的分数为：

0~10分，
你比福尔摩斯还厉害！

12~28分，
你是一位非常优秀的侦探！

30~60分，
你可以获得侦探工作证。

62~100分，
你是一位刚入行的侦探。不过不用担心，熟能生巧！

书后附有答案和一张评分表，你可以根据自己在破案过程中被扣掉的分数查看自己的“侦探等级”。如果你毫无头绪，可以翻到答案页查看对应的答案，但是每看一次，就要扣掉2分哟！在开始破案之前，你有100分的满分；破案之后，你会知道自己还剩下多少分，你可以通过分数评估自己是否能做一个合格的侦探。

4. 四位线索提供人的资料卡

在侦探评分表前附有四位线索提供人的资料卡，他们每个人都有自己的特长，你需要好好了解他们。当你在查案过程中需要帮助时，可以根据资料卡上对他们的介绍找到最有可能帮助你的人。

准备好了吗？别再等了，现在就开始破案吧！

星期一，08:00
BACON
OLDFOM
ADAMO
FLOCON
欧洲

No.1

你一边坐着火车前往伦敦，一边看着手机中柯龙巴·冯德昨晚发来的信息。她的信息还像往常一样简明扼要，你和伦敦方面的负责人接头时还需要先破解以她名字组成的密码。这一次又有怎样的案件在伦敦等你呢？火车缓缓停下，你下了车，来到了圣潘克拉斯火车站的出站口，阳光透过车站的玻璃穹顶洒落下来。

出站口有好几位男士举着牌子等人。你该朝谁走过去呢？

▶ **如果你选择走向牌子上写着“BACON OLDFOM”的男士，请跳转到No.24。**

▶ **如果你选择走向牌子上写着“ADAMO FLOCON”的男士，请跳转到No. 78。**

No.2

“这件事不在我的能力范围内，我没法儿帮到您。”柯龙巴·冯德遗憾地说道。

▶ **扣2分，返回No.31。**

No.3

不，这座龙雕像是在街区边界西面的那座桥上。

▶ 不扣分，但请返回上一条线索。

No.4

终于，警察放你离开了。不过，你要追的那个抢匪早就跑得无影无踪了。他给你留下的唯一线索就是这张满是脚印的“皇家动物”传单。说不定从这个脚印里能有新的发现呢？你给它拍了一张照。你应该将这张照片发给哪位线索提供人呢？谁能仅凭一个脚印发现新的线索呢？

丹·飞利浦

No.108

柯龙巴·冯德

No.167

夏洛克·福尔摩斯

No.121

卡莉斯塔·坎伯特·琼斯女士

No.114

No.5

你数了数，一共有8只蜘蛛。正当你诧异不已时，一只蜘蛛跑了出来！它爬向了房间的角落，爬到了一张巨大的蜘蛛网上。它看起来一点儿也不害怕，反而还一副诡计多端的样子，好像要跟你说话似的。你将目光锁定在了这只蜘蛛身上。当它静止不动时，你发现蜘蛛网上似乎有些奇怪的东西。

从这只蜘蛛所在的位置开始，按照蜘蛛网线的轨迹连接几个字母，你就会发现一条有用的线索。

▶ 如果蜘蛛给你的线索是一个地点，那么请跳转到No.199。

▶ 如果蜘蛛给你的线索是一个人，那么请跳转到No.34。

No.6

你搞错了，还有其他的不同之处。

▶ 扣2分，返回No.145，重新数一数。

No.7

你拨通了卡莉斯塔·坎伯特·琼斯女士的电话，对能够帮到你，她表示非常荣幸：“您想要我帮您辨别一些徽章？我非常乐意。请您到皮卡迪利广场最有名的茶室与我见面。30分钟之后，我在那儿等您。”一路上你都没拦到出租车，不过伦敦桥地铁站就在附近。你进入地铁站后，开始查看地铁线路图，并研究坐哪条线过去用时最少，经停的站最少。

查看下页的地铁线路图，并找到你的出发站点编号、你可能需要换乘的站点编号以及你的目的地站点编号。记住，你只有30分钟的时间，请选择用时最少、经停最少的换乘路线。

▶ 请跳转到这三个站点编号组成的数字所对应的线索。

伦敦地铁

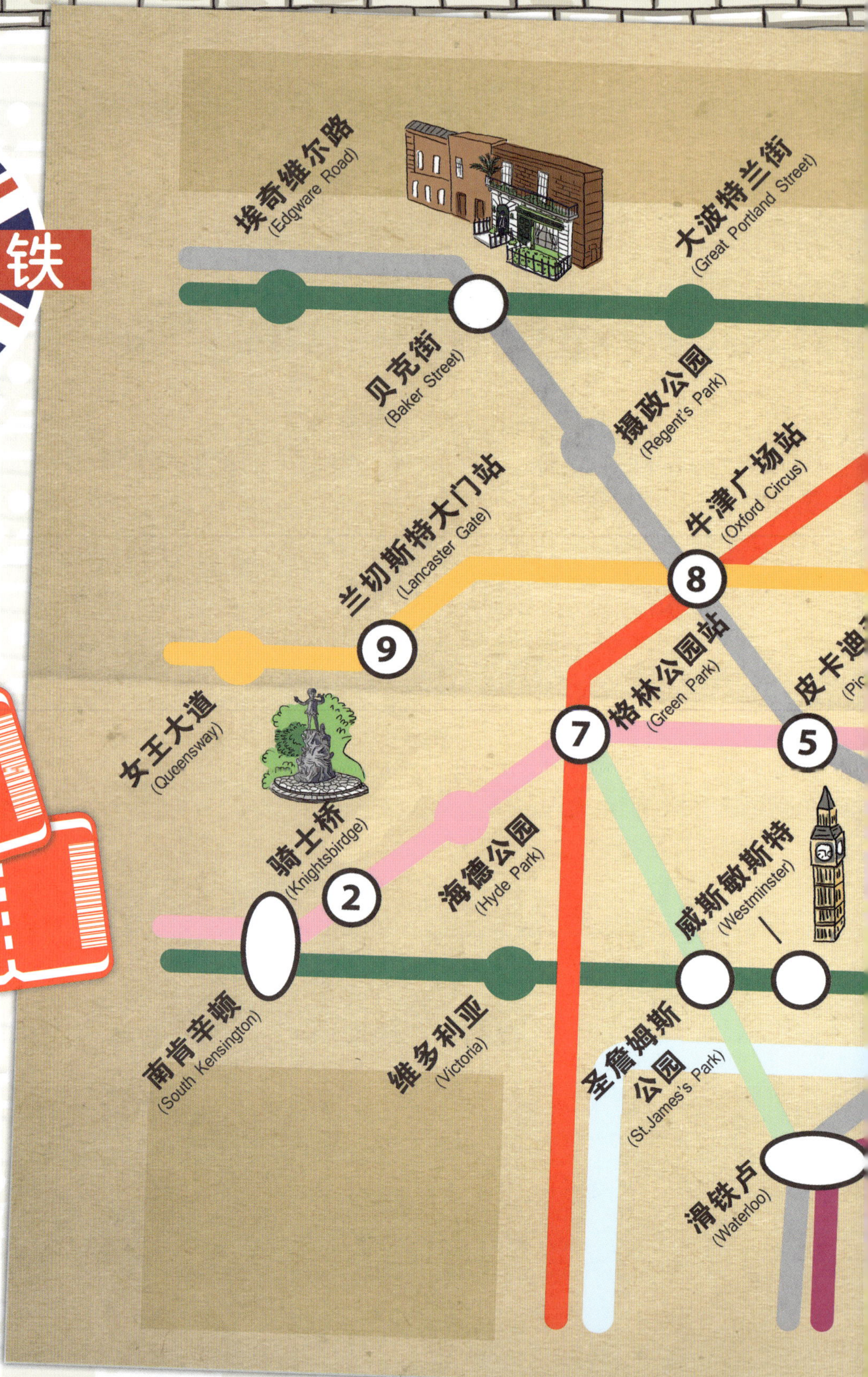
埃奇维尔路 (Edgware Road)
大波特兰街 (Great Portland Street)
贝克街 (Baker Street)
摄政公园 (Regent's Park)
牛津广场站 (Oxford Circus)
兰切斯特大门站 (Lancaster Gate)
8
9
女王大道 (Queensway)
格林公园站 (Green Park)
皮卡迪 (Pic
7
5
骑士桥 (Knightsbridge)
2
海德公园 (Hyde Park)
威斯敏斯特 (Westminster)
南肯辛顿 (South Kensington)
维多利亚 (Victoria)
圣詹姆斯公园 (St.James's Park)
滑铁卢 (Waterloo)

国王十字圣潘克拉斯站
(King's Cross St.Pancras)
沃伦街
(Warren Street)
3
法灵顿
(Farringdon)
旧街
(Old Street)
巴贝肯
(Barbican)
罗素广场
(Russel Square)
穆尔门
(Moorgate)
利物浦街
(Liverpool Street)
4
0
圣保罗站
(St.Paul's)
奥尔德盖特
(Aldgate)
莱斯特广场站
(Leicester Square)
伦敦大火纪念碑
(Monument)
查林十字站
(Charing Cross)
塔丘
(Tower Hill)
河堤公园
(Embankment)
伦敦桥站
(London Bridge)
1

No.8

你继续在纸上寻找着关于约定地点的信息。你不经意间将纸翻了过来，发现背面画着一座很像黄瓜的大厦，约定地点应该就是这个地方。

现在你知道要去哪里了，地铁是最快的方式。请查看地铁线路图，找出从彼得·潘雕像出发到达目的地的最近路线。

请查看上一页的地铁线路图，并找到你的出发站点编号、换乘站点编号以及目的地站点编号。

请将相关站点的编号合成一个数字：

....

▶ **请跳转到这个数字所对应的线索。**

No.9

再闻一闻，这不是猪肉或培根的味道。

▶ **扣2分，返回No.119。**

No.10

你来到了展出皇冠的皇室珠宝展厅门口，展厅已关闭，门口有两名皇家侍卫驻守着。你拿出了工作证并向他们解释展厅内的调查组正在等你，但是他们仍然要求你给出进门口令。

正在这时，你的手机振动了。冯德给你发了一张图片，没有任何说明。但是你看了一眼就完全明白了，每列字母中都有一个重复出现的单词，将其删掉后，你就会获得进门口令。

请在此写下你的答案：

…………………………

▶ **如果你获得的口令是以E结尾，请翻到No.35。**
▶ **如果你获得的口令是以L结尾，请翻到No.109。**
▶ **如果你获得的口令是以A结尾，请翻到No.41。**

No.11

你搞错了他们的关系。

▶ **扣2分，返回No.75。**

No.12

“现在，您也有装备了。这把伞还不错吧？有一位侦探，我查案的时候经常会请求他的帮助，他和您一样喜欢用些特别的探案手段。您可以去贝克街见见他。他叫夏洛克·福尔摩斯。我已经通知他您会去找他了。”

贝克街位于摄政公园的西南面。伦敦动物园就位于这座公园内。从福尔摩斯居住的贝克街221B号步行到动物园只需15分钟。

No.13 海德公园

你找到了公园的演讲角。在听了几段毫无趣味的演讲之后，你发现有位演讲者在不停地重复一句很难听懂的话，但是你总感觉这句话很重要。在听了一遍又一遍之后，你终于明白了，原来他讲话没有元音。

请将这位演讲者所说的话中缺少的元音补充完整。

Pr_t_ct r_y_l _n_m_l,
y__ w_nt! F_nd P_t_r
P_n st_t__ _nd h_s
fl_t_, y__ m_st!

▶ 如果你觉得他所说的内容与本案无关，那么请跳转到No.132继续追查。

▶ 如果你觉得他所说的内容与本案有关，那么请在地图上找到你的下一个目的地。

No.14

ROYAL是一个形容词，ANIMAL是一个名词，两者无须颠倒顺序就可以组成“ROYAL ANIMAL”（皇家动物）。

▶ 扣2分，返回No.80。

No.15

你没看清楚。

▶ **扣2分，返回No.153，再仔细看看。**

No.16

你再一次环顾小小的房间，发现墙上密密麻麻地写着家谱，另一面墙上则画着一棵家族树。毫无疑问，其中一定有一位就是鹦鹉口中的“祖先”。现在，你得从家族树上找出他的出生年份，但这并不容易。这里光线昏暗，家谱和家族树刚好位于两面相对的墙壁上，而且这个家族的男子都长得很像！在仔细观察这些画像之后，你发现了某些特征，于是你又转身去看另一面墙上的家谱：

- 你要找的男人是红棕色头发，鼻子下有一颗痣。
- 他的妻子也是红棕色头发，但脸上没有痣。
- 他的儿子脸上也没有痣。

在找到这位祖先的出生年份后，请将这个年份的每个数字相加，得到一个两位数。例如1999：1+9+9+9 =28。

请在此写下你的答案：

....

▶ **如果你得到的数字是双数，那么请跳转到No.90。**

▶ **如果你得到的数字是单数，那么请跳转到No.149。**

No.17

你和雷斯瑞德警官登上了塔顶，这些乌鸦围成了一个圆圈，在你们的头顶盘旋，似乎是想告诉你们什么。你低下头，发现地上画着一个奇怪的图案。

这是一个迷宫。请画出从入口到出口的路线。

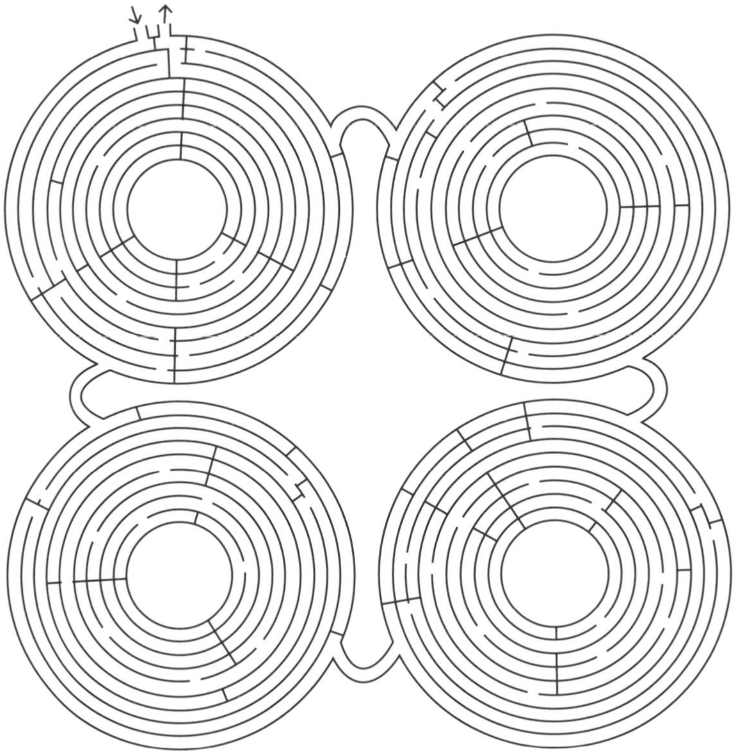

▶ **你用笔画出的路线图是一个数字。请跳转到该数字对应的线索。**

No.18

请再仔细看看这些字母。

▶ **扣2分，返回No.140。**

No.19

不，这个剂量的药水只够催眠绵羊，药力还不够强。

▶ **扣2分，快速返回No.128，重新选择。**

No.20

你输入了正确的密码，电话被自动转接到了雷斯瑞德警官那里，她约你在伦敦眼见面详谈。

> 请查看你的地图：伦敦眼是位于泰晤士河畔的一座巨型摩天轮。

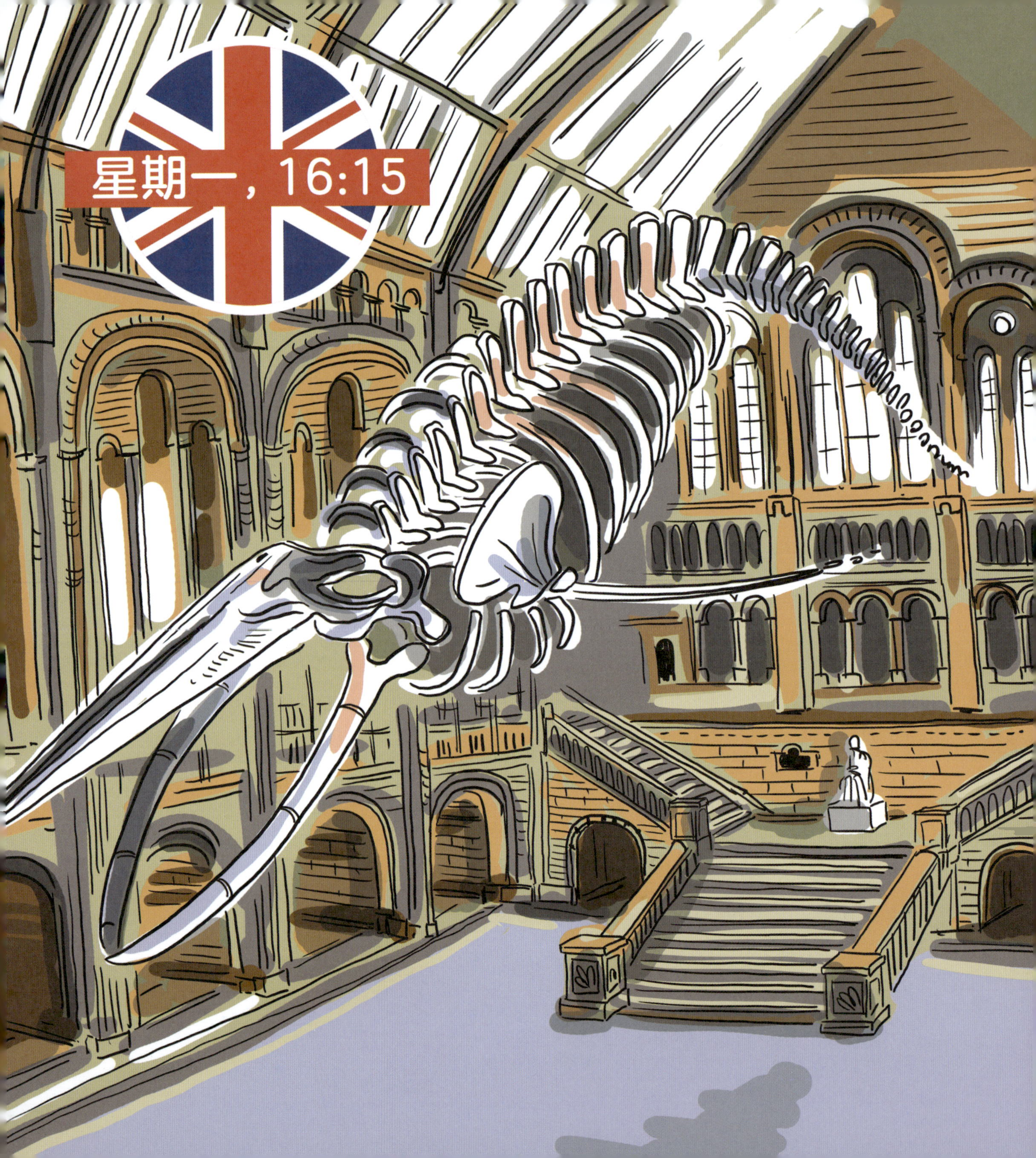
星期一，16:15

No.21 英国自然历史博物馆

你走进了自然历史博物馆的大厅，看到了挂在天花板上的蓝鲸标本，开始数起蓝鲸骨架上有多少根骨头。这个地方实在是妙不可言，有那么一瞬间，你几乎忘了你此行的真正目的。旋即，你回过神来，你要去找一位叫杰克的科学家，但是只知道杰克这个名字是没办法让前台帮你找到人的，于是你去查看博物馆简介里的科学家名单和他们各自的研究领域，但是这座博物馆起码有50位科学家。

你将所有名叫杰克但姓氏不同的科学家挑了出来：一共有4位。也许你可以通过他们各自的研究领域判断出你要找的是哪位杰克。

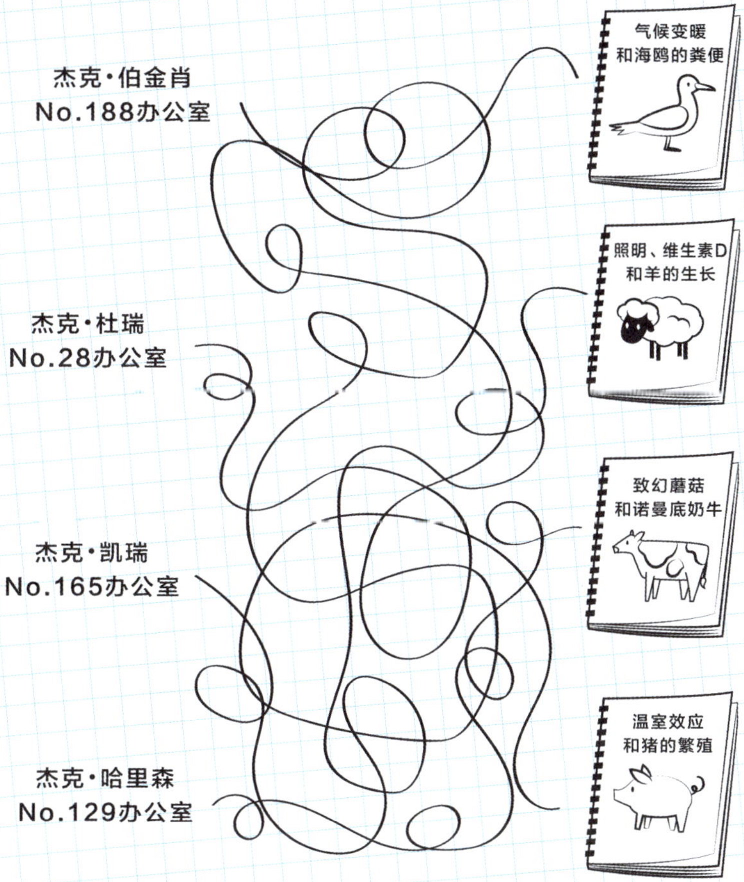

▶ 你应该去哪个办公室？

No.22

你可能少数了一座桥。

▶ **扣2分，返回No.52。**

No.23

你输入了正确的密码，将门打开后，里面是一间很大的地下室。在你的左边，有很多动物被关在笼子里，它们安安静静的。看这个数量，被偷走的动物远远不止动物园里失踪的那些。在你的右边有几排架子，上面整齐地摆放着大大小小的盔甲。这么看来，他们的确打算用动物组建一支军队……在地下室尽头的右边，还有一间房。你走近了一点儿，听到有人在里面演讲。突然之间，演讲者暂停了讲话，一道耀眼的彩色光芒充满了整个房间：那台机器被启动了。你很想知道他们的实验是否成功了，但是你又害怕会面对一只巨大的老虎。如果你能用手机控制刚刚买到的遥控汽车，就可以操控汽车，然后通过手机看到汽车上的摄像头拍摄到的画面了。

但是，这个应用需要你输入“看与说”游戏的前8个数字。“看与说”是一个逻辑序列游戏。我们首先会看到1个数字，然后要将看到的数字大声说出来（但是在这里，最好小声点儿），接着写下你说出的数字。举个例子：当我们看到222时，我们会说“3个2”，这时要将“32”写下来；当我们看到32时，我们会说“1个3，1个2”，这时我们要将“1312”写下来。

第一个数字是1。请继续用“看与说”游戏的逻辑往下进行，直到你写出8个数字。

▶ **如果这8个数字是以1结尾的，那么请跳转到No.166。**

▶ **如果这8个数字是以2结尾的，那么请跳转到No.106。**

No.24

你走向了牌子上写着“BACON OLDFOM”的那位男士。这是一位稍微年长的先生，他礼貌地问候你路上是否顺利，然后递给你一个信封。

“冯德女士让我把这个交给您。车正在外面等着您，请您选择独一无二、没有相同款式的那辆车。”

▶ **请跳转到你选的那辆车的车牌号所对应的线索。**

No.25

你肯定没看懂这幅家谱。

▶ **扣2分，返回No.75。**

No.26

是的，不只是大猩猩，水獭也被偷走了。动物园园长震惊不已。他试图调出前一晚园内的监控录像，却发现录像被删了。你建议他查看一下停车场的录像。在停车场的录像中，你们发现了几个蒙面的家伙把一个很大的袋子装到了动物园的卡车上。园长看到其中的一个蒙面人穿的是动物园的制服，于是他确定动物园里有内奸。那天晚上一共有5位员工轮班巡园。晚上12点开始上班，早上6点正式换班，根据停车场摄像头记录的时间，这件盗窃案发生在凌晨5点钟，所以内奸应该是最后一轮巡园的员工。园长查看了整晚的停车场监控录像，总结出了当晚的巡园排班情况：

- 亚瑟在罗杰的前面。
- 佩内洛普在马修的前面，但是在约翰的后面。
- 马修在亚瑟的后面，但是在罗杰的前面。
- 约翰在亚瑟的后面。

请找出最后一轮巡园的员工，是他勾结犯罪团伙偷走了园中的动物。

请在此写下你的答案：

....

▶ **如果你认为内奸是罗杰，那么请跳转到No.169。**
▶ **如果你认为内奸是马修，那么请跳转到No.126。**

No.27 夏洛克·福尔摩斯的家

福尔摩斯先生的搭档华生医生接待了你。他目光如炬，神采飞扬：“您好，侦探先生。雷斯瑞德小姐已经提前通知了我们您的到来，但是她没说有关盗窃案的事。不过，我们已经收到消息了，嫌犯逃不出我们的手掌心。福尔摩斯先生还要让他的嗓子再休息一个小时，所以等一会儿他没法儿说话。也请您尽量快点儿，他最受不了磨磨叽叽的人。”

一盏灯照亮了夏洛克·福尔摩斯先生棱角分明的脸。你把你在伦敦塔顶拍到的乌鸦飞行轨迹拿给他看，这是你唯一较为清晰的线索。他仔细观察之后，拿出了一本厚厚的册子并指向一幅无人机的图片。原来那些在伦敦塔顶不停绕圈的乌鸦是在模仿无人机起飞的轨迹。

夏洛克·福尔摩斯先生开始做各种手势。每个手势都有相对应的字母。你必须在大侦探失去耐心之前破解这条信息的内容。

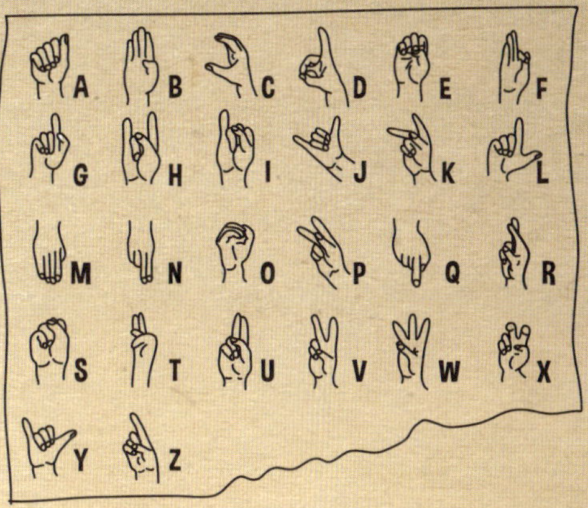

华生医生补充道："事实上，这艘军舰使用了大量的无人机。如果您还需要我们的帮助，请随时给我们打电话。我再向您推荐一个人。这个人足不出户，但是在网上十分活跃。他手上有很多宝贵的资料。"请阅读这两位线索提供人的资料：夏洛克·福尔摩斯和丹·飞利浦。

请查看地图，找到这艘军舰。这就是你的下一个目的地！

No.28

这两个领域之间的关系让你觉得匪夷所思，但是你现在没空去满足好奇心。

▶ **扣2分，返回No.21。**

No.29

他不是从这条路逃走的，你浪费太多时间了。

▶ **扣2分，返回No.47。**

No.30

你向戏服师说明了情况。“詹姆斯！你这个骗子！”戏服师一边在后台大吼着，一边寻找着学徒，但是学徒早已失踪。

“我也不知道他藏在哪儿，但是他和他的朋友经常在滑铁卢车站附近的小巷里闲逛，那个地方叫作班克斯隧道。如果您想找到他，可以去那儿看看。詹姆斯曾经带我去过一次，他和朋友在那儿画了一幅有关动物的涂鸦画。我看不懂他们想表达什么，他们的思想完全与现实脱节。从剧院步行到那个地方需要16分钟，隧道位于西南边。”

根据这些线索，在地图上找到班克斯隧道，并跳转到它下面旗子上的数字所对应的线索。

No.31

你刚刚将这些木板按正确的顺序排好，突然听到“咔嗒”一声，地板上一处暗格弹开了。在这个暗格里，你发现了一个手柄、一瓶油和一幅你看不懂的画——好像是某个复杂机器的图纸。

你又回到了房间中央，再次观察那台奇怪的机器，并将在暗格中找到的手柄安在机器上合适的地方。你转动手柄，机器上的齿轮转了起来。这时，一股带着香味的雾气从机器上的一个小孔中飘了出来。你又打开了暗格里那个装油的瓶子，油的气味和刚刚那个味道一样。但是这些线索之间又有什么联系呢？这令你一头雾水。你需要知道这台机器是做什么用的。这时，你需要向谁寻求帮助呢？在你的线索提供人中，谁最见多识广并且还记性好？

柯龙巴·冯德

No.2

丹·飞利浦

No.58

夏洛克·福尔摩斯

No.119

No.32

环形指纹是最常见的，在所有指纹中它占到60%～65%。

▶ **扣2分，返回No.116。**

No.33

你一边疑惑着食蚁兽的失踪，一边走到了斑马馆。根据布告栏上的介绍，这里共有9只斑马，但是这群斑马挤在了一起，很难确认这9只斑马是否都在这儿。

图中有多少只斑马呢？请写下你的答案。

....

▶ **如果你数出了8只，那么请跳转到No.157。**

▶ **如果你数出了9只，那么请跳转到No.192。**

No.34

那只蜘蛛躁动起来了，这可不太妙。

▶ **扣2分，返回No.5。**

No.35

他们还是不让你进去，你必须再好好看看那张图。

▶ **扣2分，返回No.10。**

No.36 盗贼的窝点

你根据壁画上的提示，分别转动了这两个舵盘相应的数字，然后就听到“咔嗒”一声，机关开了。壁画墙上弹开了一扇隐藏的门。你推开门走了进去。这是一座小型的图书馆，墙上挂满了画，包括一些古老的家族画像和家谱，墙上还挂着一个古老的徽章，看起来是名门贵族的象征。你仔细环视着这座小型图书馆。突然，一个声音从你左边传来，吓了你一跳。你转过身去，发现是一只关在笼子里的鹦鹉。它不停地重复着一句让人听不懂的话。你看了看它的笼子，上面有一张来自爪哇岛的明信片。原来它说的是爪哇语！请你破解这句话的意思。

Whavere iavs thave treasureav avisland?

如果这只鹦鹉不断重复的是它的主人所说的话，那么这句话很可能对你非常有用。要想读懂爪哇语，必须去掉句子中所有的“av”。

请在此写下你的答案：

………………………………

………………………………

破译了这句话之后，你觉得还需要在图书馆里找到什么？

▶ **如果你认为需要寻找的是一本书，请跳转到No.50。**

▶ **如果你认为需要寻找的是放在五斗橱上的盒子，请跳转到No.85。**

No.37

你看了看自己拼出的画像，和你记忆中的那个人并不像。重新试试看。

▶ 扣2分，返回No.91。

No.38 亨格福德和金禧桥

没错，就是这座桥，盗贼就是从这座桥上跳下来的，桥上还有来往的火车和行人。

现在，你要在地图上找到伦敦警察厅。你从这座桥往南步行7分钟就能找到它，请跳转到该地点的旗子上的数字对应的线索。

No.39

帝国皇冠上的钻石比“光之山”大3倍，所以应该是“库利南2号”，也被称为“第二颗非洲之星”，因为它和“非洲之星”源自同一块石头。

▶ 扣2分，返回No.92。

星期一，17:45

No.40 伦敦眼

雷斯瑞德警官已经在伦敦眼等你了。你们一起走进了一个事先预订好的座舱内，摩天轮开始缓缓上升。

“您在英国的这段时间，也应该适当地旅旅游！一会儿等我们升到空中半高处时，我们再聊案情，因为那个时候没人听得到我们说的话。”

你想好好欣赏一下泰晤士河和伦敦的美景，但奈何你已经被案情搞得晕头转向。座舱内的一块布告牌上写着这座摩天轮可以升至135米高，它旋转的速度大约是每分钟12.5米，旋转一整圈所需的时间为30分钟。

请计算出你需要等多久才能开始跟雷斯瑞德警官聊案情。

请在此写下你的计算过程和结果：

……………………………………

……………………………………

- **如果需要等的时间不到8分钟，那么请跳转到No.53。**
- **如果需要等的时间超过8分钟，那么请跳转到No.45。**

No.41

皇家侍卫依然不允许你进入，这不是正确的密码。

- **扣2分，返回No.10。**

No.42

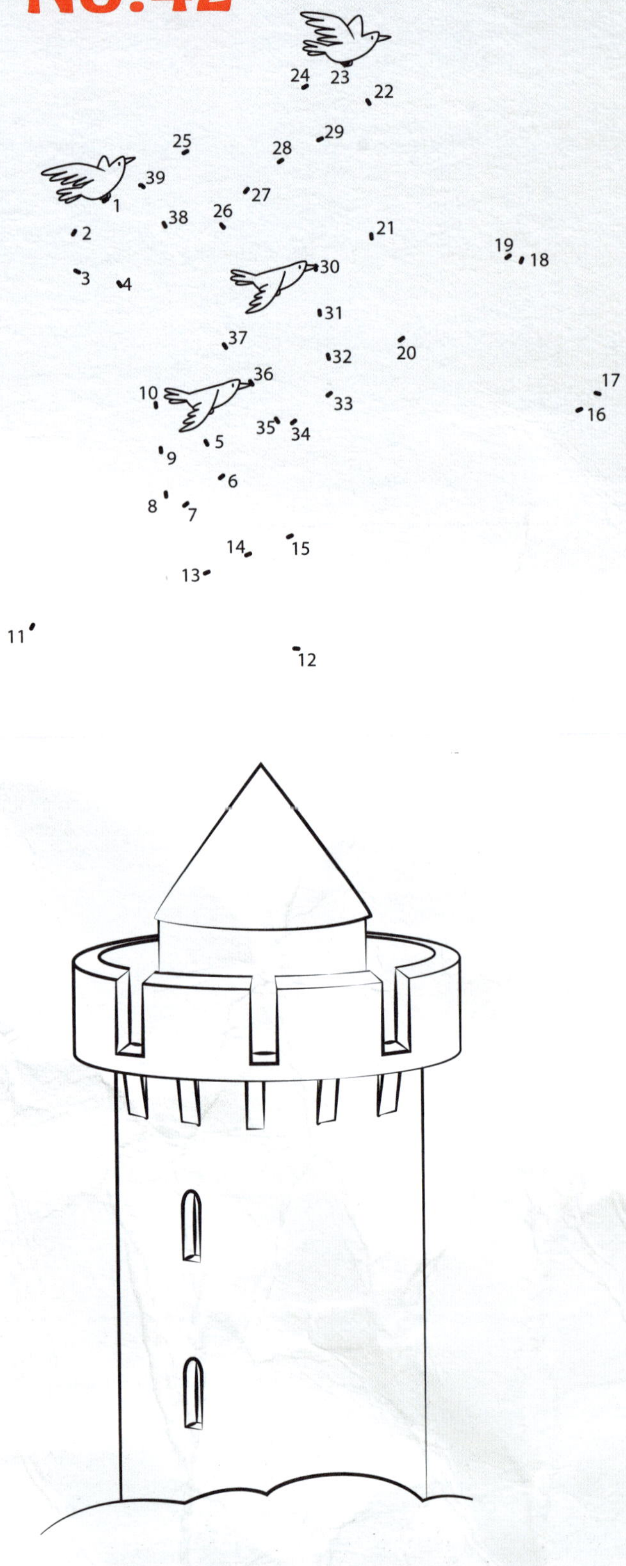

没错，被盗的正是王太后皇冠。帝国皇冠不在这里，因为近期女王会戴着它在国会进行演讲。圣爱德华皇冠和权杖会分别被送到两个不同的地方。雷斯瑞德警官邀请你和她一起加入护送权杖的队伍：“这样我们就可以在路上继续聊这个案子了。”

走出展厅时，你看到了纹丝不动的皇家侍卫。你在心里琢磨着他们是怎么做到一动不动的，仿佛有条线固定着他们的身体。正当你想走近观察这些侍卫时，其中一名侍卫向雷斯瑞德警官致意，并用手指指向天空：那些在空中飞行的乌鸦排列出了一个奇怪的图案，好像在传达什么信息。

雷斯瑞德警官解释道：“传说这些乌鸦是守护女王的士兵，它们可以保卫王宫和皇室。它们排列出的图案的确十分怪异。我们得登上塔顶去看看。”

▶ 请将图中的数字按顺序连起来，看看能得到什么，并跳转到相应线索。

NO.43

你来到了莎士比亚环球剧院。这是在原莎士比亚剧场附近按照原样重建的一座剧院。此刻，剧院里正在上演一幕戏，阳台的装饰和耳熟能详的对白让你觉得似曾相识，一位身穿华服的年轻女子从观众中穿过，并向身旁的观众献上鲜花。

在她递给你的假花道具的叶子上，有一道画谜。你是否能从中发现有用的线索？请结合上一页的插图一起联想。

请在此写下你的答案：

……………………………………

……………………………………

▶ **当你解开画谜后，请跳转到No.104。**

No.44

“这件事不在我的能力范围内，我没法儿帮到您。”柯龙巴·冯德遗憾地说道。

▶ **扣2分，返回No.165。**

No.45

计算过程比看起来简单得多，再想一想。

▶ **扣2分，返回No.40。**

No.46

这位军官表示不能向你透露更多的细节。正在一筹莫展之时，你接到了伦敦塔乌鸦管理员打来的电话："您好，侦探先生。我刚刚打电话给伦敦警察厅，那里的警官让我给您打电话。事情是这样的，我在唤回乌鸦时，发现有一只叫梅林的乌鸦失踪了。它爪环上的GPS显示了它所在的位置，我十分担心，因为它飞到了很远的地方，然后一直没有再动过。它是否遭遇了危险，或者是在盯梢？您能否帮我去那里看看？"

他的一番话激发了你的好奇心：正是伦敦塔的乌鸦帮你找到了无人机，难道梅林是去跟踪那架无人机了？于是，你决定前去查看。

那位军官将无人机的定位通过短信发给了你，从该地步行到伦敦塔需要23分钟，到圣潘克勒斯火车站需要37分钟。

请根据线索，使用刻度尺在地图上找到无人机的位置，别忘了利用巡洋舰上雷达所给出的信息和定位。找到位置后，请你尽快赶过去。

No.47

的确，演讲过程中是不允许鼓掌的。这就是皇家仪式的与众不同之处吧。终于，女王的演讲结束了，她起身走向出口。你走在负责保护女王的庞大安保队伍中，在你们的重重保护下，谁都无法接近女王。突然，一个男人以闪电般的速度从天花板上降下来，就像蜘蛛侠那样。他抢走了女王头顶的皇冠，然后一溜烟跑了，来无影去无踪。人群开始骚动起来。你立刻向那个男人追去，但是没追两步，他就跑远了。附近有一位警官，但可惜的是，他没有注意到任何异常情况。

仔细观察旁边的图，你觉得抢匪是从哪条路逃走的？

▶ **请跳转到你所选的那条路所对应的线索，继续追查抢匪的下落。**

No.48

“不好意思，我网上的联系人中没人能帮我查到相关信息。”丹・飞利浦遗憾地说道。

▶ **扣2分，返回No.84。**

No.49

你能勇敢地钻进下水道，忍受难闻的气味，实在是勇气可嘉，不要放弃！

▶ 扣2分，返回No.202。

No.50

你四下寻找，终于在书架上发现了一本罗伯特·路易斯·史蒂文森的《金银岛》。正当你试图将这本书抽出来的时候，它所连通的机关被触发了，整个书架突然向左边滑动，书架后面露出了一扇门。这扇门被一把密码锁锁住了。要想打开它，需要4个数字。你试图从身边找出线索来开锁。这时，鹦鹉又开始说话了：

Thave bavirthav oavf mavy anavcestavor cavan opaven thave davoor.

你知道该怎么破解鹦鹉说的话了吧？

请在此写下你的答案：

....

....

▶ 请跳转到No.16，仔细查看墙上的画像。

No.51

▶ 你应该回到No.97，重新看看雷达，或者回到No.46，再读一下军官给你的那条信息。

No.52

原来，伦敦塔桥是一座吊桥，下层桥面能够分开并升起，让大型船从桥下通过。这时，雷斯瑞德警官终于来了。她发动警艇，朝着伦敦警察厅的方向驶去。从泰晤士河上望去，伦敦真是美不胜收！

突然，一位路人从桥上一跃而下，跳到了你们的警艇上。小艇瞬间失去平衡，雷斯瑞德警官和你双双落水。那个人驾着警艇飞速离去，朝你们露出得意的嘴脸。雷斯瑞德警官告诉你：“盗贼刚刚夺走了权杖。运送权杖的装甲车其实是烟幕弹，皇室权杖其实是由我在秘密运送。”

你们游到了岸边。雷斯瑞德警官决定驾驶另一艘警艇去追赶盗贼，她对你说：“我在伦敦警察厅等您！先走到盗贼跳下的那座桥那里，然后往南走7分钟就到了。”

请查看地图，找到盗贼跳下的那座桥。从伦敦塔出发一直到那个人跳到警艇上之前，你们正好经过了五座桥。

▶ **请在地图上找到那座桥，并跳转到旗子上的数字对应的线索。**

No.53

对的，雷斯瑞德警官要你等7分30秒之后再开始聊案情，因为摩天轮升至半高处代表着它旋转了一整圈的四分之一，只需要用摩天轮旋转一整圈的时间30分钟除以4就行了。你将你的发现都告诉了雷斯瑞德警官：包括乌鸦、肖尔迪奇的密室、那台机器、身穿盔甲的动物涂鸦画、ARMY秘密项目。雷斯瑞德警官也在努力理解你和那几位科学家所发现的线索。

你继续说道：“我找到了一幅图纸，上面所画的机器是那台古老机器的十倍大，要想启动这台机器，必须集齐三颗特定重量和大小的钻石。王太后皇冠和帝王权杖失窃的原因，是盗贼想获得上面的钻石——‘光之山’和‘非洲之星’。但是他们还缺少‘库利南2号’，也就是帝国皇冠上的那颗钻石。”

雷斯瑞德警官想了想：“帝国皇冠已经不在伦敦塔里了，因为近期女王会佩戴它在国会开幕式上进行演讲。但是我不记得开幕式是在哪天了。”她拿着手机四处寻找着信号：“我的手机没信号了，您呢？”

你看了看你的手机，也没有信号了，手机上只显示有一个可用的无线网络，名为“LONDONEYE”，你试图连接这个无线网，但发现需要密码。你用一个老办法试了试：将“1234567890”十个数字输入随身携带的计算器，并将其倒过来，便在计算器上找到了与“LONDONEYE”中的一些字母看起来一模一样的数字，试着用这些数字代替字母，你就会获得一串密码。

请在此写下你猜出的密码：

....

....

请将密码中的所有数字相加，一直加到只剩个位数，如密码中的数字是3、6、7，则3+6+7=16,1+6=7。

▶ **如果你得到的数字是双数，那么请跳转到No.150。**

▶ **如果你得到的数字是单数，那么请跳转到No.96。**

No.54

你走进瓷器店，那里尽是些杯碗瓢盆之类的东西。你观察了半天也一无所获。

▶ 扣2分，返回No.185，重新理解画谜的含义。

No.55

你上了楼梯，来到一间阶梯教室。这里的研讨会正在探讨猫是否可以同时为固态和液态。

▶ 扣2分，返回No.98。

No.56 出租车内

英国的出租车内部十分宽敞，大得几乎可以在里面开派对了。司机递给你一张署名“冯德女士”的纸条，纸上有一段加密的文字。怎样才能将它破解出来呢？你打开了在火车站接你的那位年长的先生给你的信封，信封里面有一张纸，纸上写的正是破解密码的方法。柯龙巴·冯德的确非常谨慎。

TH1 QN'S3 CRWN1
WS1 STLN2, G1 T1
TH1 TWR2 OF
LNDN2 BY TH1
THMS2.

为了给信息加密，我去掉了一些词里面的元音字母，不过我在只剩下辅音字母的词的后面写上了它包含几个元音字母。比如CHOCOLATE，我将它写成了CHCLT4。

请根据提示来破解柯龙巴·冯德留给你的信息。

请在此写下你所发现的线索：

……………………………………

……………………………………

心思缜密的冯德女士留给你的信息真是太巧妙了。你要赶快行动起来了，可是出租车司机似乎听不懂你带有口音的英语。你必须在地图上给他指出你接下来要去的地方。

信息中所指的那个地方有点儿中世纪的味道，步行到那里需要42分钟。请在地图上找出这个地点。

▶ **你现在位于圣潘克拉斯火车站，黄旗上的数字为56。要锁定下一个目的地，请拿出刻度尺和地图测量距离，并将目的地指给出租车司机看。**

No.57

为了避免通话被窃听，你使用伦敦警察厅的保密呼叫方式打电话给雷斯瑞德警官。你拨通了她给你的专属服务器号码，然后立刻收到了一条信息，要求你验证身份，输入专属密码。

密码的换算公式十分简单：用你的年龄乘以2，再加上40，然后再除以2，接着减去你的年龄，就可以得到答案了。

请在此写下你的计算过程以及答案：

……………………………………

▶ **请跳转到该数字对应的线索。**

No.58

“不好意思，我网上的联系人中没人能帮我查到相关信息。”丹·飞利浦遗憾地说道。

▶ **扣2分，返回No.31。**

No.59

你的回答不正确。

▶ **扣2分，返回No.70。**

星期一，13:15

No.60 肖尔迪奇街区

太不可思议了！你根据定位找到了这里，真的在这里看到了一只乌鸦。这只乌鸦像一位真正的士兵一般在站岗，也似乎一直等待着你的到来。当你向它点头致谢后，它就飞走了。此时此刻，你发现自己站在一幅壮丽的壁画前，画上画着一艘大船、一只巨大的章鱼，船舵上有一大一小两个舵盘，不仅雕琢得十分精美，甚至还能转动。

船舵上有两个舵盘，请根据画上的提示判断你需要分别转动它们几下。这两个数字合起来，就是你要前往的下一个线索的编号。

▶ **如果你找不到答案，请跳转到No.68，再仔细观察。**

No.61

旋涡形指纹并不罕见，在所有指纹中它出现的概率是30%～35%。

▶ **扣2分，返回No.116。**

No.62 奇普餐厅

根据地图的指示，你找到了一家很小的餐厅。餐厅里装饰有很多英国国旗。你点了一份英国最著名的小吃——炸鱼薯条。

将这些食材的名称填入方格内：灰色方格中的字母所组成的词就是制作炸鱼所需的那种鱼。

FLOUR　OIL

EGGS　FISH

YOGURT　POTATO

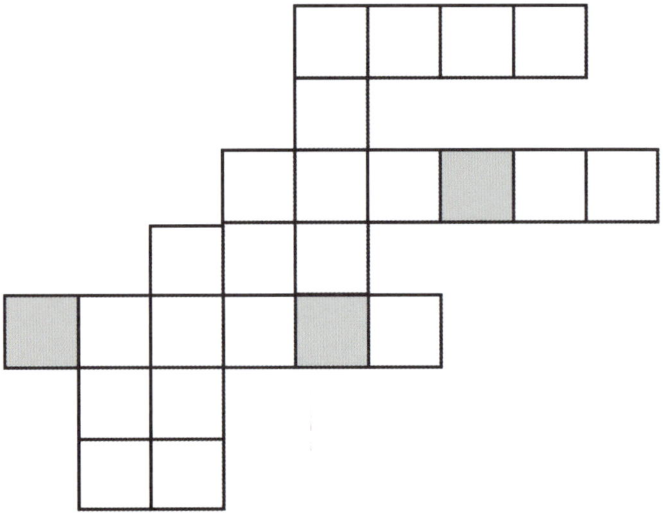

▶ **如果你得到的单词是以T开头，那么请跳转到No.164。**

▶ **如果你得到的单词是以R开头，那么请跳转到No.75。**

No.63　第一座龙雕像

你来到了第一座龙雕像前，开始仔细观察。这时，一个头戴皇冠的男人走到你面前说：“您解出了第一道谜题。您有什么东西要给我看吗？”你感到了一丝不安，但很快冷静下来。你思索片刻，拿出了游行者给你的、画有皇冠的牌子给他看。于是，他递给你一张纸。

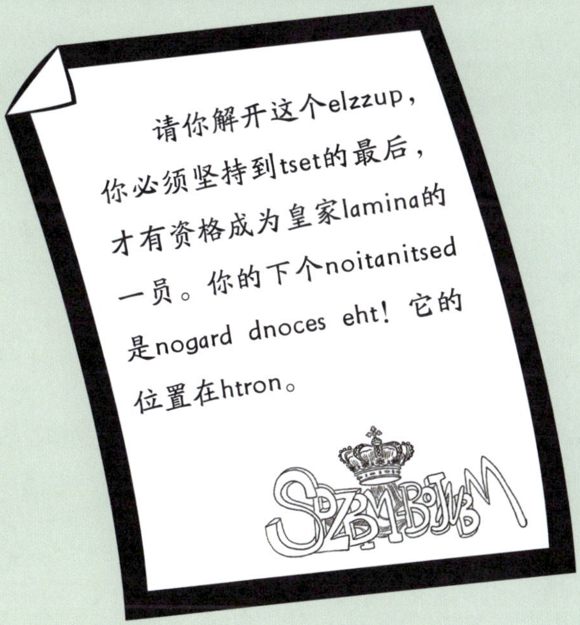

请在地图上找到这条信息中提到的地点，并跳转到该地点编号所对应的线索。

No.64

“这件事不在我的能力范围内，我没法儿帮到您。”柯龙巴·冯德遗憾地说道。

▶ **扣2分，返回No.189。**

No.65

“我脑袋里从来不会装无用的信息。”福尔摩斯先生对你说道。

▶ **扣2分，返回No.170。**

No.66 伦敦塔

出租车司机按照你的要求来到了伦敦塔。灰色石头砌成的城堡被护城河和城墙环绕着。你买了一张门票，看了看景区分布图，上面没有任何说明，只有数字。于是，你问正巧路过的三位法国游客皇室珠宝展厅的编号是多少。

第一位游客回答道：“今天这个展厅不对外开放，但是我去年参观过，我记得它的编号是一个单数。”

第二位游客说：“对，当时那个旅游团有21个人，用人数除以这个展厅的编号可以除尽。我们排队时为了打发时间可是做了不少数学游戏呢。”

最后一位游客补充道：“你还记得吗？我们进入那个展厅的时候，又有三位游客加入了我们，不过总人数除以展厅编号还是可以除尽。”

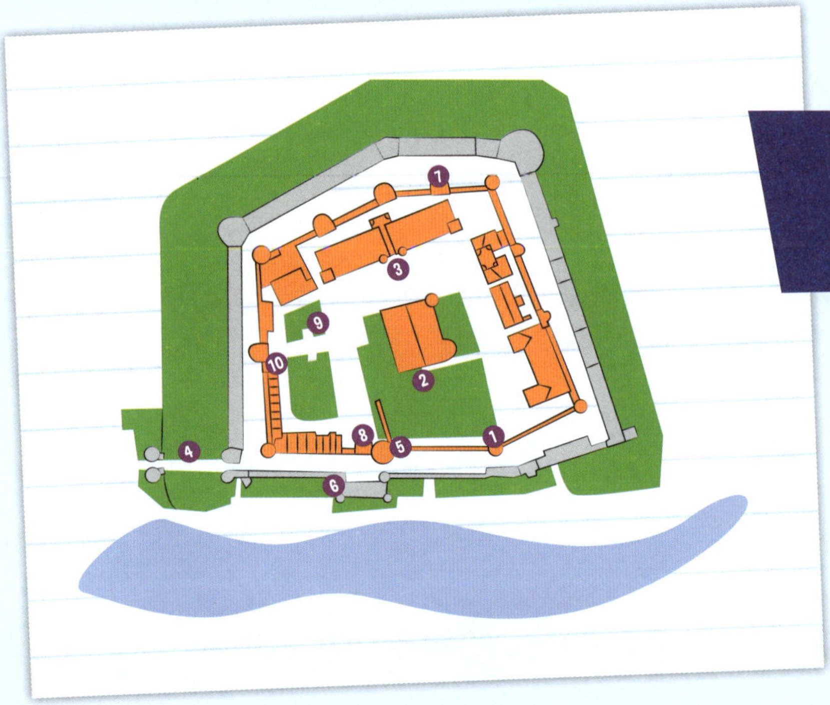

皇室珠宝展厅的编号是多少？

▶ 如果你觉得该编号小于5，那么请跳转到No.10。

▶ 如果你觉得该编号大于5，那么请跳转到No.72。

No.67

本特教授继续检测着这些钻石，并将目光锁定在了最大的那颗钻石上。“55克拉，这种一头尖的椭圆形钻石，只可能是桑西钻石。太奇怪了，我还以为这颗钻石一直在卢浮宫呢，它是皇冠上的珠宝。每颗钻石的定位都非常精确，镜子的位置也不像是随意乱排的。真是奇怪，这三颗钻石的重量分别是10克拉、30克拉和55克拉。我倒是知道三颗很有名的钻石，它们的重量差不多分别是这三颗钻石的十倍左右。”

于是，你又想到了你在肖尔迪奇街区密室的暗格里发现的那幅图纸，图纸上画的机器几乎是你手中这台仪器的十倍大。想起三颗钻石的重量和王冠与权杖的失窃案，你马上明白了盗贼的下一个目标就是王室皇冠上还没失窃的那颗钻石。

请在此写出下一个目标：

………………………………

………………………………

▶ **现在你知道了盗贼的下一个目标，赶快跳转到No.57。**

No.68

仔细观察壁画，你会看到右下角有一个黄色的框：大小两个舵盘后的图形分别对应着大船上挂着的两种帆。

数一数每种船帆的数量是多少，你就会获得密码中的两个数字（请按照这两个舵盘的顺序来排列数字——小舵盘在前，大舵盘在后）。

请在此写下你的答案：

………………………………

▶ **请返回No.60。**

No.69

你的答案不对。

▶ 返回No.83。

No.70

你就这样来到了特拉法加广场。回到地面的那一瞬间，你被耀眼的阳光刺得头晕目眩。这时，有两个警察抓住了你。原来，他们看到了你手上拿着的绳子，错把你当成小偷儿了。“您这样是打算去哪儿啊？我们刚刚接到报案，说有个小偷儿正带着绳子逃跑。”

如果你想要他们放了你，必须证明你不是那个小偷儿。你将自己的经历一五一十告诉了警察。

如果您所说的内容全部属实，那么您一定可以回答我们的问题：

- 上议院的旗子是什么颜色的？1.蓝色，2.红色。
- 夏洛克·福尔摩斯住在哪里？1.Baker街，2. Butcher街。
- 开幕式前，皇冠是怎么被展示的？1.戴在女王的头上展示，2.在另外一辆四轮马车上单独展示。

请在此写下你答案的编号：

....

▶ 如果你的答案是212，那么请跳转到No.4。
▶ 如果你的答案是121，那么请跳转到No.59。

No.71

丹·飞利浦接了电话，说道："您好，侦探先生。福尔摩斯先生跟我提到过您，我会尽量帮您的。'皇家动物'和杰克·凯瑞，这倒让我想起了一些事情……我想起来了。就在几年前，网上有一段超火的视频，视频的主角就是您刚刚提到的那位教授，他站在椅子上大喊着反对'皇家动物'。他看起来非常可笑，因为当时他头上戴着一顶奇怪的纸皇冠，身上裹着一件羊皮上衣。他提到了一个叫作'Alfa Romeo Mike Yankee'的项目，他说那是一个丑闻，所有成员都被骗了。我现在找不到那段视频了，有人把它给删了。总之，他现在是反对'皇家动物'的。您可以告诉他，您也是反对这个组织的。"

你觉得杰克·凯瑞提到的项目和什么有关呢？

▶ **如果你认为这个项目与车辆有关，那么请跳转到No.93。**

▶ **如果你认为这个项目与军队有关，那么请跳转到No.153。**

No.72

你的计算方法不对。

▶ **返回No.66。**

No.73

请再仔细回想一下，你是不是把伦敦塔桥也数进去了。

▶ **扣2分，返回No.52。**

No.74 第四座龙雕像

你根据地图，来到了最东边的龙雕像前。龙的嘴巴里塞着一张很皱的纸，上面又写着一道谜题。这道题目里所有的元音字母都消失了。

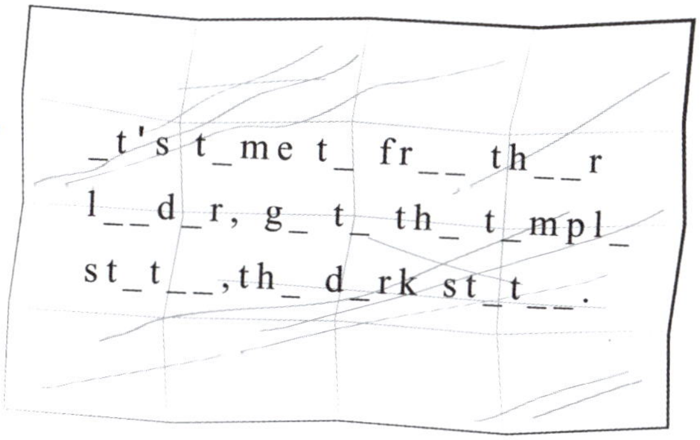

请在地图上找到你要去的地方。

No.75

用鳐鱼制作的炸鱼的确非常好吃。蘸了醋的鱼肉带着爽口的酸味，薯条也十分香脆。这道菜是用报纸包着的，报纸上有一道谜题，是关于皇室家族的，这刚好可以巩固一下你对英国皇室的了解。

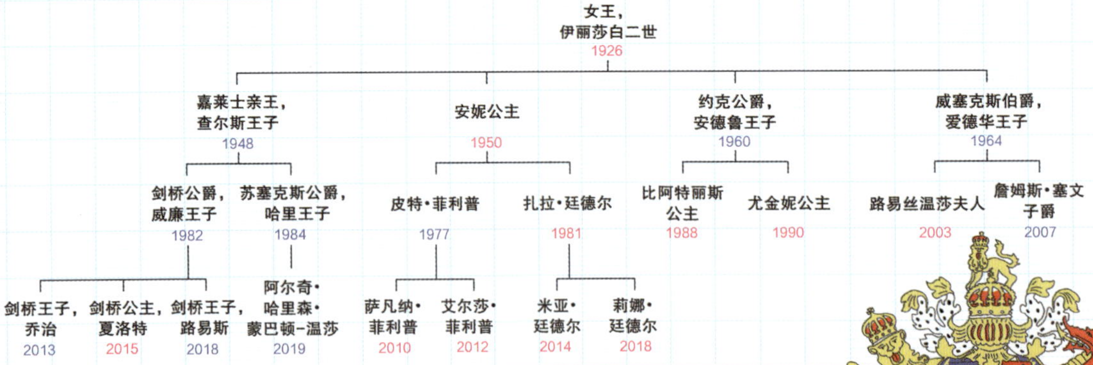

- 请找出女王最年长的曾孙：

  ……………………………………

- 请找出这位曾孙的叔叔：

  ……………………………………

- 请找出这位叔叔的父亲：

  ……………………………………

- 这位父亲是女王曾孙的什么人？

  ……………………………………

▶ **如果你认为他是女王曾孙的父亲，请跳转到No.25。**

▶ **如果你认为他是女王曾孙的表兄弟，请跳转到No.11。**

▶ **如果你认为他是女王曾孙的爷爷，请跳转到No.170。**

No.76

你可能忘了一个细节。

▶ **扣2分，返回No.183。**

No.77

不，圣爱德华皇冠上有345颗海蓝宝石，但是没有钻石。

▶ **扣2分，返回No.92。**

No.78

牌子上写着的名字是阿达莫·弗洛孔，和柯龙巴·冯德没有一点儿关系。

▶ **扣2分，返回No.1。**

No.79

你站在英国著名的哈姆雷斯玩具店的橱窗前，欣赏着那些毛绒玩具、洋娃娃、遥控汽车……

刚好，你发现了一辆带摄像头的遥控汽车，这正是你需要的，你可以远程操控遥控汽车，不用冒险就能通过摄像头看到一切。你还选购了遥控汽车需要的电池和一个木质的骑士盾牌。结账时，你发现身上没有足够的英镑，收银员建议你用欧元付款。

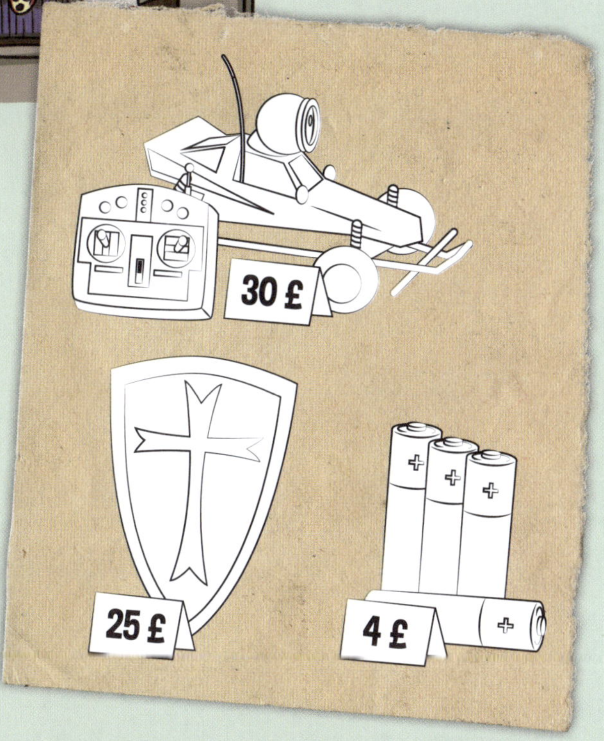

1英镑（符号为£）大约等于1.15欧元。你给了收银员70欧元，她找给你的钱还不到1欧元。

▶ 如果你觉得她找的钱是对的，那么请跳转到No.181。

▶ 如果你觉得她算错了，少找了钱，那么请跳转到No.201。

No.80 班克斯隧道

你来到了班克斯隧道，找到了那幅与动物有关的涂鸦画：画上的动物都穿着铠甲，看起来像是一支军队。涂鸦画签名处的皇冠让你想起了伦敦塔里的皇冠……看来你的调查方向没错。但是这个签名很奇怪……这些字母不能拼成任何单词。你又想起了戏服师的话：“他们的思想完全与现实脱节。”这又是什么意思呢？

想一想英文字母表，试着用签名中的字母前一个或后一个字母替换它。

你会得到哪两个英文单词？

....

▶ **如果你认为这两个单词不需要前后颠倒就能组成一个词组，请跳转到No.84。**

▶ **如果你认为这两个单词需要前后颠倒才能组成一个词组，请跳转到No.14。**

No.81

你的观察还不够仔细。 ▶ **返回No.83。**

No.82

皇室权杖可不是皇冠哟。 ▶ **扣2分，返回No.92。**

星期一，09:35

No.83 伦敦塔桥

你们离开了伦敦塔，来到了泰晤士河畔。雷斯瑞德警官将你带到一艘警艇上。看到你一脸惊讶的样子，她向你解释了原因。原来，护送王冠和权杖的装甲车会开往伦敦警察厅，但是你们必须乘船赶在装甲车之前到达。雷斯瑞德警官让你等她一会儿，她落了一些东西在伦敦塔里。

你套上救生衣，看着河面上的船来来往往。这些都是要出城的船，正准备穿过伦敦塔桥。小船和小艇可以很轻松地穿过伦敦塔桥。但是那些大船该怎样从桥下驶过呢？是调转方向还是变成潜水艇？

上页的图中有4艘船正朝着伦敦塔桥驶去。你觉得有几艘船能够顺利地从桥下驶过？

- **如果你的答案是2艘，请跳转到No.81。**
- **如果你的答案是3艘，请跳转到No.69。**
- **如果你的答案是所有的船都能从桥下驶过，请跳转到No.52。**

No.84

是的，他们其实想写的是“皇家动物”，但“皇家动物”是什么意思？怎样才能判断这个线索是否重要呢？如果他们曾经有过非法涂鸦行为，那么警察可能对他们很熟。除此之外，街头艺术家常常会外出旅行。你认为哪位线索提供人可以帮到你呢？

柯龙巴・冯德

No.140

丹・飞利浦

No.48

夏洛克・福尔摩斯

No.118

No.85

那个盒子里装着几支铅笔和一块独角兽形状的橡皮。

▶ **扣2分，返回No.36。**

No.86

大树后面怎么能藏得住人呢？

▶ **扣2分，返回No.47。**

No.87

没错，这种大鸟就是鹅，它是最大的家禽。但是，你眼前却跑过了一只比鹅更大的鸭子。这是怎么回事？难道是某个特殊品种？你疑惑地向农场的一位饲养员询问，但他好像也摸不着头脑："这个品种的鸭子通常都很小。这只奇怪的大鸭子，没人知道它是从哪儿来的。有天早上，我刚来到农场，就发现它已经在这儿了。我给它起名叫努努。"

你又向饲养员打听起了绵羊和羊毛脂的事。你们沿着围墙走着，饲养员给了你一本宣传手册，上面有他们农场绵羊的品种、销售价格以及农场的发展历程。"我饲养过很多不同品种的绵羊，并且都是非常罕见的品种。这本手册中也有一些绵羊是我没养过的，但都是很久以前人们养的很普通的品种。"

请翻到下一页，结合清单找出左侧图中都有哪些品种的绵羊，然后和清单对比，圈出饲养员没有养过的品种。

绵羊的品种

K	K	D	N	A	L	E	Y	R	H
B	L	A	C	K	F	A	C	E	P
T	O	I	V	E	H	C	R	O	V
Y	F	E	M	N	Y	D	R	E	O
K	F	S	T	E	W	T	J	L	N
G	U	F	N	I	L	Y	C	U	A
T	S	M	C	A	R	T	J	U	M
V	O	K	N	L	Z	O	S	C	O
R	V	D	X	M	B	S	O	A	R
L	I	N	C	O	L	N	A	M	C

清单
Suffolk
Blackface
Shetland
Cheviot
Romney
Merinos
Romanov
Lincoln
Moorit
Portland
Castlemilk
Herdwick
Swaledale
Ryeland

▶ **如果你圈出了2个品种，那么请跳转到No.197。**
▶ **如果你圈出了3个品种，那么请跳转到No.136。**

No.88

“您忽略了一个细节。”卡莉斯塔·坎伯特·琼斯女士非常谨慎地说。

▶ **扣2分，返回No.175。**

No.89

非常正确，你选的动物名字里要含有字母i！你选对了标牌，顺利进入了队伍。你跟着他们一起游行，试图听清他们对话的内容，但是他们没说什么有价值的东西，只是递给你一个画着皇冠的牌子。你感觉自己简直是在浪费时间。是时候求助你的线索提供人了。

谁最有可能了解更多关于“皇家动物”组织和这次游行的信息呢？

丹·飞利浦

No.130

柯龙巴·冯德

No.99

夏洛克·福尔摩斯

No.123

卡莉斯塔·坎伯特·琼斯女士

No.110

No.90

要想认出那位祖先可不太容易。

▶ **扣2分，返回No.16重新试试。**

No.91 伦敦警察厅

你来到了伦敦警察厅。雷斯瑞德警官已经提前告诉大家有客人来，她的同事已经为你准备好了干净的衣服。你换好衣服后，警官让你做一个有关嫌疑人相貌的电脑拼图。那个从桥上一跃而下的盗贼的脸一闪而过，你也不确定是否记得他的样貌特征。

图1　　图2　　图3

你的记忆里只残留了这些印象：

- 图1里面，三个部分中有一个是对的。
- 图2里面，三个部分中有两个是对的。
- 图3里面，三个部分中有一个是对的。

你认为最终的拼图会是什么样的呢？

▶ 如果你认为嫌疑人是金色头发、蓝色眼睛，有一颗痣，下巴上有少许胡子，那么请跳转到No.37。

▶ 如果你认为嫌疑人是褐色头发、栗色眼睛，留着八字胡，那么请跳转到No.102。

▶ 如果你认为嫌疑人是红棕色头发、蓝色眼睛，留着八字胡，并且有一颗痣，那么请跳转到No.116。

No.92

你破解了王冠上的密码，不过“我权天授”到底是什么意思，偷皇冠的小偷儿又为什么要留下这个线索呢？雷斯瑞德警官向你解释道：“这是英国君主的格言。这个大胆的小偷儿一定是在嘲讽我们，他是想说我们的君主是纸做的吗？”

你这么快就发现了一条线索，雷斯瑞德警官显得十分吃惊。“棒极了，您果然不一般。”这一句“棒极了”让你信心倍增。小偷儿偷取皇冠，很有可能是为了皇冠上价值连城的宝石。如果是这样，那么其他皇室珠宝也岌岌可危。你问雷斯瑞德警官其他皇冠上是否有更珍贵的宝石，她表示自己也不清楚，需要询问皇冠珠宝师。她带你去见皇冠珠宝师。皇冠珠宝师解释道：“很遗憾，我不能向你展示剩余的珠宝真品，因为我们已经将它们转移到了更安全的地方。这些是关于皇冠珠宝最关键的信息。”

- 右侧的三顶皇冠中，有一顶皇冠上没有钻石，其他皇冠上都有一颗很大的钻石。在珠宝行业，用“克拉”表示钻石的重量，同时也代表它的价值。
- “光之山”是一颗105克拉的钻石，它比装饰帝国皇冠的钻石轻212克拉。
- “非洲之星”这颗钻石被镶嵌在了权杖上。
- 王太后皇冠上镶嵌着一颗名贵的钻石，但不是最大的那颗。

根据描述，填充右页的两个表格。

请用第一张红色表格来整理信息：在符合描述的格子里画“○”，在不符合描述或未给出信息的格子里打“×”，直到将所有空填满。在整理完所有信息之后，填写蓝色表格。

		钻石名称				钻石重量/克拉			
		库利南2号	非洲之星	无钻石	光之山	0	105	317	530
皇冠	圣爱德华								
	王太后								
	帝国								
	权杖								
钻石重量/克拉	0								
	105								
	317								
	530								

		钻石名称	钻石重量/克拉	线索编号
皇冠	圣爱德华			No.77
	王太后			No.42
	帝国			No.39
	权杖			No.82

失窃的皇冠上面镶嵌着“光之山”钻石。你知道是哪顶皇冠吗？

请在此写下你的答案：

……………………………………

▶ 如果你知道了被盗的皇冠是哪一顶，那么请按照蓝色表格的指示跳转到对应的线索。

No.93

阿尔法·罗密欧（Alfa Romeo）的确是一个很有名的意大利汽车品牌，但是“Mike Yankee”又是什么意思呢？也许你应该重点关注这些单词的首字母。

▶ 扣2分，返回No.71。

星期二，13:05

No.94 “黄瓜大厦”

你到达这里时，刚好大厦前面有游行活动。每个人手上都拿着一块画有动物的标牌，他们齐声唱着：

“保护动物，要有爱；尊重生命，要有爱；和谐共存，要有爱；解放动物，要有爱。”

你混入人群，和大家一起唱着。这时，又一支队伍已经就位，马上就要开始游行了。有一个人站在队伍前面，专门负责筛查人员，原来并不是所有游行者都能进入队伍。你发现他是通过标牌上的动物来筛选游行者的。

请仔细观察你前面的人手中的标牌，并注意听游行者所唱的内容。请你推断一下拿哪种动物的标牌才可以加入游行？这里有两种动物标牌，要想混入游行的人群，你应该选择哪一个？

▶ 选择斑马标牌，请跳转到No.111。

▶ 选择兔子标牌，请跳转到No.89。

No.95

“这件事不在我的能力范围内，我没法儿帮到您。” 柯龙巴·冯德遗憾地说道。

▶ **扣2分，返回No.170。**

No.96

你的密码没起作用，重新想想。

▶ **扣2分，返回No.53。**

No.97 贝尔法斯特号巡洋舰

在贝尔法斯特号巡洋舰的甲板上，一位军官接待了你。你告诉了他你的任务，向他展示了自己拍到的飞行轨迹，并向他询问这个轨迹是否来自这艘军舰上的某一架无人机，以及今早军舰上是否有一架无人机飞到了伦敦塔附近。他看了你拍摄的照片后，立刻查验了船上的无人机库房。的确，他们有一架无人机失踪了。

“您拍下的飞行轨迹的确很像我们的无人机留下的。我们的雷达一直处于开启状态，我还有今天早上无人机的数据。我们应该可以查到这架无人机去了哪里。”他从今天早上的数据中找到了这架无人机的飞行信息，然后在电脑上给你展示了伦敦的平面图，整座城市被分为4大区域。你看到有一个红点朝北边移动，然后停了下来。

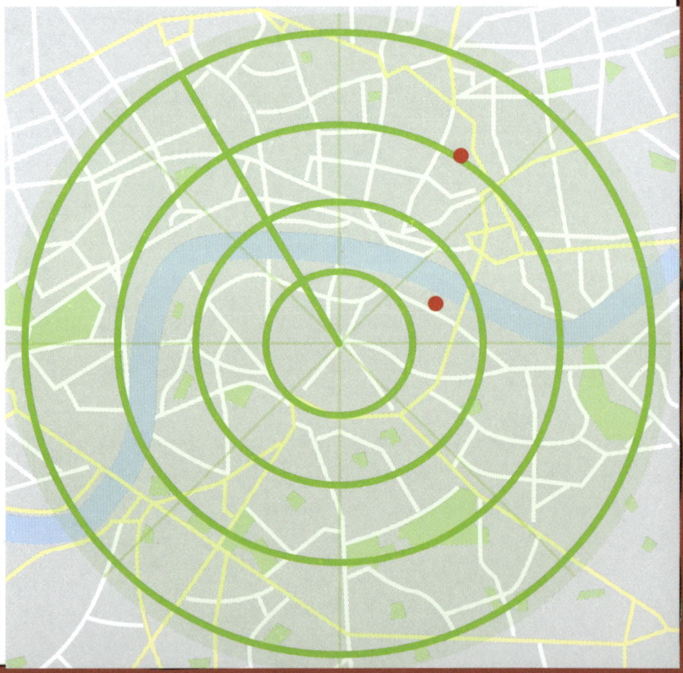

“您要找的那架无人机就是这个往北边移动的红点。而这个在泰晤士河上的红点就是我们。”在雷达的帮助下，你知道了应该前往伦敦的哪个区展开调查。

▶ **在开始调查之前，请先跳转到No.46，向这位军官询问更多详细情况。**

No.98

“我的研究结果证明，光照会对绵羊的生长造成一定的影响，这种影响主要取决于羊毛里面的羊毛脂。因为羊毛脂是维生素D的重要来源，它对于骨骼的生长起到了非常重要的作用。此外，过度的光照也会影响绵羊的行为，让它们变得更加温顺和驯服。” 杰克·凯瑞说道。

就在这时，你给他看了你手上的机器，并向他解释了你是在哪里找到这台机器的。他惊诧不已。“这台机器看起来非常古老。您说它是使用羊毛脂的？但是……他们从一开始就利用了我，他们想要控制动物！我的同事谭雅·汤普森，她也许能够帮您搞清楚怎么使用这台机器。她是这座博物馆的科学历史部的专家，专门研究19世纪的各种机器，她曾经成功开启了好几台奇怪的机器。您可以去找她帮忙。这是地图，可以告诉您怎么找到她的办公室。”

“我的办公室编号是165，您出门以后在走廊的尽头左拐，然后，在第二个路口左拐，然后连续右拐两次。您就会来到一个有两条楼梯的平台，请下楼梯，最后右拐。她的办公室就在一条长长的走道尽头。”

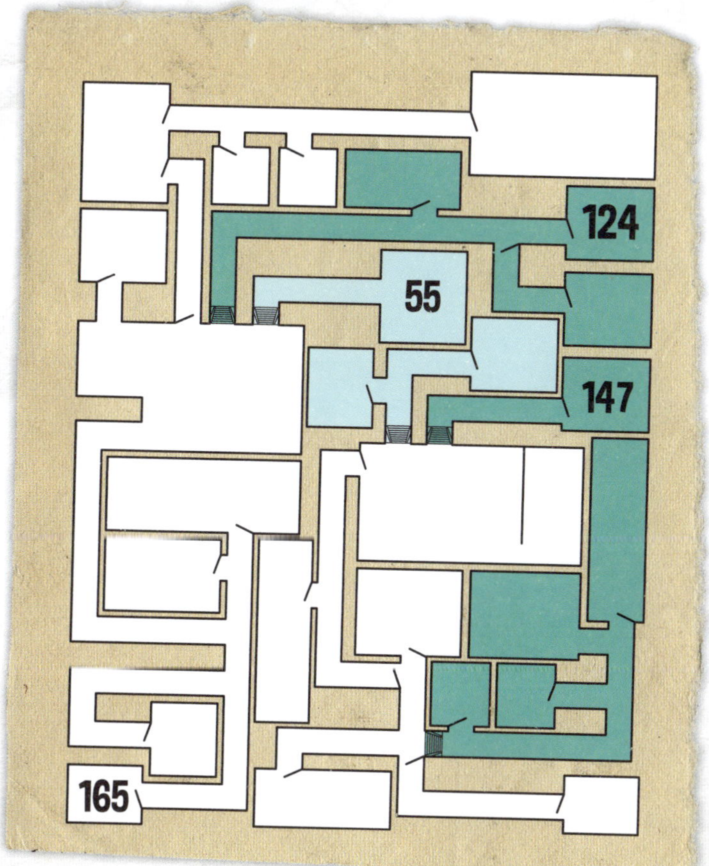

二层
一层
地下一层

▶ **请跳转到谭雅·汤普森的办公室编号对应的线索。**

No.99

“这件事不在我的能力范围内，我没法儿帮到您。” 柯龙巴·冯德遗憾地说道。

▶ **扣2分，返回No.89。**

No.100

请你注意箭头的方向，是由内向外还是由外向内？

▶ **扣2分，返回No.134。**

No.101

你立马灌上催眠药水，朝着老虎发射飞镖：老虎一下子就倒了，还没来得及进入改造。这时，那个男人发现了你，他对绵羊说：“时候到了！让我看看你有多厉害！”绵羊立刻听命，朝你飞奔而来。你跑到一张桌子后面，护住了自己的身体，但依然无法抵挡绵羊巨大的力气。

“你撑不了多久了！你也看到了，它从头到脚完全服从于我。过不了多久，这里所有的动物都会变成这样。有了这支军队，我将战无不胜，攻无不克。我可以夺回王位，都铎家族将会重现辉煌！篡位者温莎家族将会倒台！让我来自我介绍一下，我是阿尔伯特·都铎，你们未来的统治者！”

在他讲话的时候，你预测了一下成功逃跑的可能性。你必须让他分心，放松对绵羊的控制。在手机屏幕上，你发现还有一个发射功能键，原来这可以操控遥控汽车发射出塑料飞弹。你看见不远处那台机器上被偷走的钻石，忽然心生一计。

目测最近的那颗钻石离你4米远，高度约为2.5米。你该选择用多大的力度才能击落它呢？

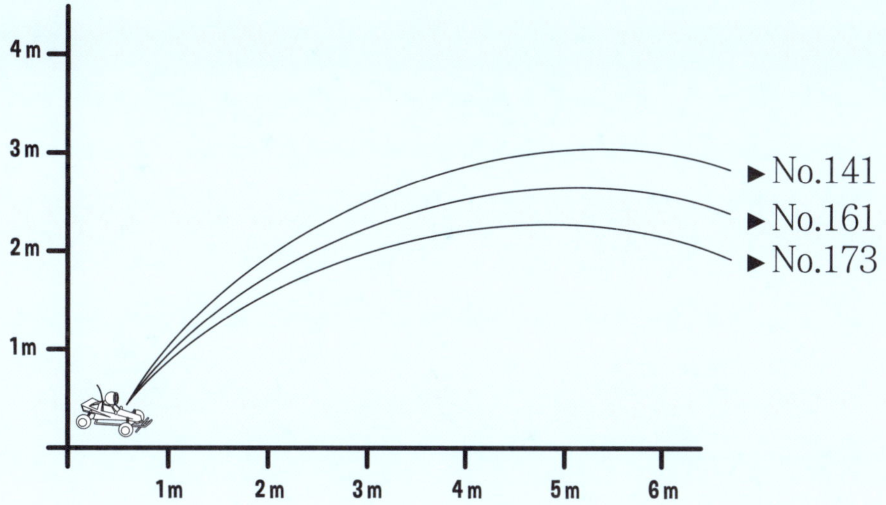

No.102

画像拼好了，但似乎不是特别像。重新试试看。

▶ 扣2分，返回No.91。

No.103

对，就是绵羊的气味！福尔摩斯先生告诉你：“很明显，亲爱的朋友。那是羊毛脂，也就是从羊毛中提取出来的一种油。您可以去‘伦敦农舍’看看，那里专门制作这种油。从您所在的肖尔迪奇街区步行到那里需要12分钟。您最好带着那台机器一起去。”

伦敦全城有很多大大小小的农场和农舍，这实在令人惊讶。请在地图上找到一个从你现在所在位置步行12分钟可以到达的农舍，并跳转到该地旗子上编号所对应的线索。

No.104

正在上演的是莎士比亚的名剧《罗密欧与朱丽叶》。不过只知道这个可不能帮你找到那个购买羊毛脂的神秘人物。你来到后台，找到了一位戏服师：“您好，我是伦敦警察厅的顾问。我来是想了解您在‘伦敦农舍’订购羊皮和羊毛脂的有关情况。”不巧，她的回答刚好被一阵音乐声盖住，她没有注意到你没听清她的话，又继续说道：“昨天，我让我的学徒詹姆斯——就是刚刚不小心把哈姆雷特的服装架弄倒的那个家伙——去‘伦敦农舍’买三张羊皮，不过我可没让他买羊毛脂，我们这里压根儿用不上那东西。”可你很确定他买了羊毛脂，戏服师又向你解释道：“我给了他100英镑，他买回了三张美利奴羊皮。我知道这种羊皮的价格是每张24英镑，他找给我28英镑，这账是对的。”

你知道学徒詹姆斯在撒谎，因为“伦敦农舍”里根本没有饲养美利奴绵羊。

根据饲养员给你的宣传手册，计算一下学徒詹姆斯可以买到多少升的羊毛脂。

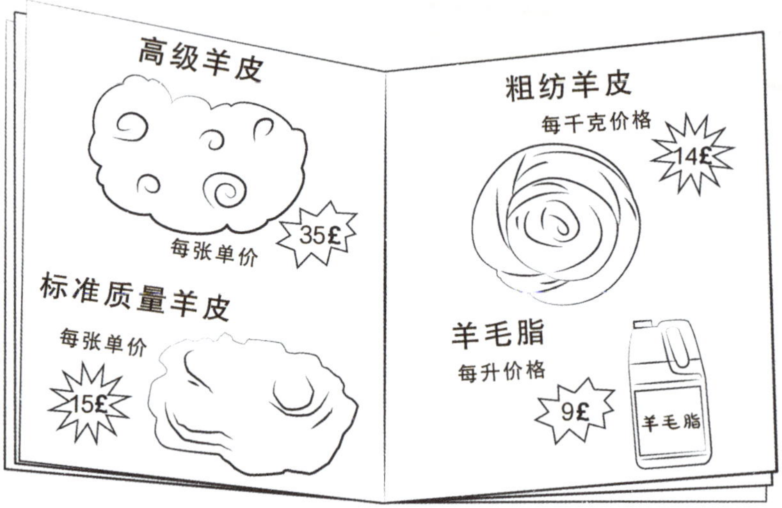

请计算并写下答案：

▶ **如果你算出的结果为1或2升，那么请跳转到No.122。**

▶ **如果你算出的结果为3或4升，那么请跳转到No.30。**

No.105

应该穿过这座桥，而不是一直待在泰晤士河的一边。

▶ 扣2分，返回No.91。

No.106

你肯定没有掌握游戏要领。

▶ 扣2分，返回No.23，重新试试看。

No.107

“没错，弓形指纹是最罕见的。现在皇冠失窃案已经比我们预想的严重多了，连权杖都被偷走了。为了提高破案效率，我们和您还是分头行动吧。但我不能让您受到任何伤害，如果您出了什么事，我得负责。

“请跟我来，这里是我们的实验室，我们有个小玩意儿，是专门为实习员工设计的，用它可以让对手暂时失去意识。请在这里按一下手印，我们会根据您拇指的指纹为您专门定制一个，您可别拿错了。”

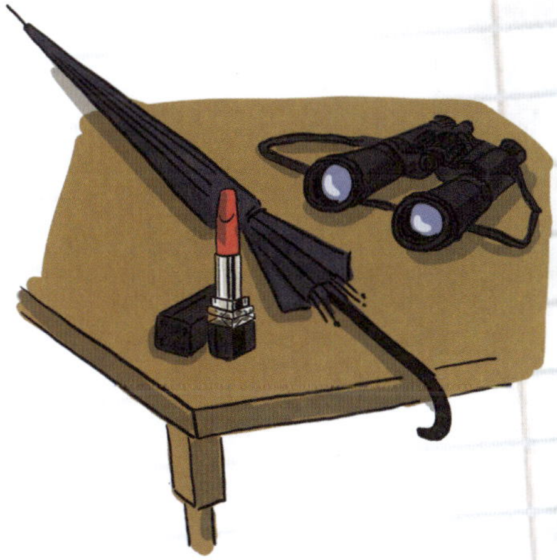

请找出他们为你准备的小玩意儿。

A. 防狼口红

B. 超级望远镜

C. 催眠雨伞

▶ 如果你觉得是A，那么请跳转到No.139。
▶ 如果你觉得是B，那么请跳转到No.127。
▶ 如果你觉得是C，那么请跳转到No.12。

No.108

“不好意思，我网上的联系人中没人能帮我查到相关信息。”丹·飞利浦遗憾地说道。

▶ **扣2分，返回No.4。**

No.109

没错，进门口令就是“Royal”。你说出口令后，皇家侍卫将你带入了展厅内部。一位女士向你走来：“您好，我是伦敦警察厅的雷斯瑞德警官。我们正在处理一个很棘手的案件，目前毫无进展。柯龙巴·冯德女士向我们大力推荐了您，所以我们请您过来协助我们的工作。事情是这样的，昨天晚上发生了一起重大的盗窃案，更可怕的是……请您过来这边看看！”

在她的指引下，你来到了一个玻璃橱窗前。橱窗上的玻璃没有破损，锁也没有被撬开过的痕迹，橱窗里安静地放着一顶皇冠，但这顶皇冠是用镀金纸板做的，上边还有几颗假的宝石，看起来是用玻璃或塑料做的。

小偷儿用纸皇冠调换了珍贵的皇冠，究竟意欲何为？你一边思索着案件的来龙去脉，一边仔细观察着橱窗里的纸皇冠。“我们一般不会让一位法国侦探介入我们的查案过程。但是有了您的帮助，我们相信一定能将此案侦破。”雷斯瑞德警官说道。

你请求查看这顶纸做的皇冠。有一个特别的地方引起了你的注意，皇冠上的假宝石是用胶水粘上去的。而且你看到有几颗宝石下面写着字母，字迹若隐若现，如果把所有字母连起来，会不会是一个密码呢？注意，每一颗不同形状的宝石都对应一个字母。请赶快破解出这个密码，向伦敦警察厅展示一下你的侦破能力。

[注]

请在此写下你的答案：

……………………………………

……………………………………

想知道这句话的意思吗？请在本页找一找吧！

▶ 请跳转到No.92与雷斯瑞德警官分享你的发现。

No.110

“哦，亲爱的！虽然这个组织的名字里有‘皇家’这个词，但是我真的不认识这些人，非常遗憾！”卡莉斯塔·坎伯特·琼斯女士回复道。

▶ 扣2分，返回No.89。

No.111

你应该仔细听听他们唱的内容，里面就含有你需要的线索。

▶ 返回No.94。

注：这是一句法语，意思是“我权天授”。

No.112

这座宫殿规模庞大、气势恢宏。在入口处，你又看到了岿然不动的侍卫。这一次，你实在忍不住了。你连拍了好几张照片，想看看他们是不是真的没动。

仔细观察这两张照片，它们有几处不同呢？

▶ 如果你发现了3个或3个以下的不同之处，那么请跳转到No.158。

▶ 如果你发现了3个以上的不同之处，那么请跳转到No.151。

No.113

现在你知道了，你要找的人名叫杰克，他在英国自然历史博物馆工作。你向一位路人询问博物馆的地址，他告诉你：“得从您所在的班克斯隧道往西边走，那座博物馆是一座很大的建筑，有一个漂亮的入口，位于海德公园西南面。”

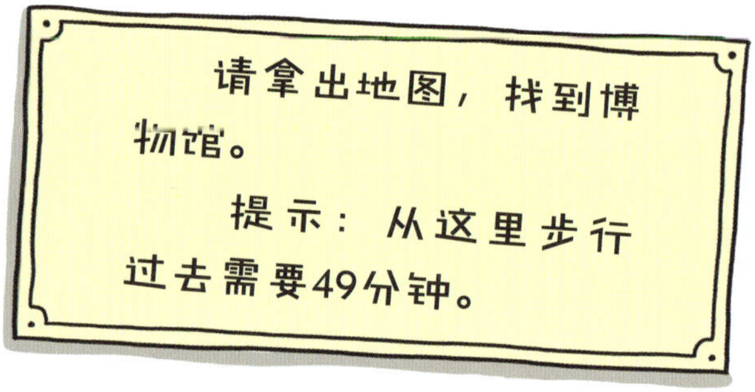

No.114

“哦，亲爱的！我对此一无所知，非常遗憾！”卡莉斯塔·坎伯特·琼斯女士回复道。

▶ 扣2分，返回No.4。

No.115

不，这闻起来并不像臭鼬的气味！ ▶ **扣2分，返回No.119。**

No.116

这时，雷斯瑞德警官刚好也来了，她也来确认盗贼的相貌。虽然没能成功地抓到他，但她清楚地记得他的长相，而且，她在被丢弃在岸边的那艘警艇上提取到了盗贼的指纹。“我们已经分析过这些指纹了，很遗憾，这些指纹没有被收录到我们的档案里。但是他的指纹是最罕见的那种，如果我们有机会再看到这样的指纹，就会好认得多。”

弓形指纹：

百分之五

环形指纹：

十分之六

旋涡形指纹：

十分之三

请试着在这三个指纹中找出盗贼的指纹。

▶ **如果是弓形指纹，那么请跳转到No.107。**

▶ **如果是环形指纹，那么请跳转到No.32。**

▶ **如果是旋涡形指纹，那么请跳转到No.61。**

星期一，14:30

No.117 伦敦农舍

在伦敦市里，竟然有一座这样的农舍。农舍里有许许多多的动物。有一只鸟看上去特别大，但是你认不出它是哪种鸟。下面的填字板可能会帮到你……

请找出四种长有羽毛的动物，用它们的名字来填写表格，灰色格子里的字母所组成的词就是刚刚那只鸟。

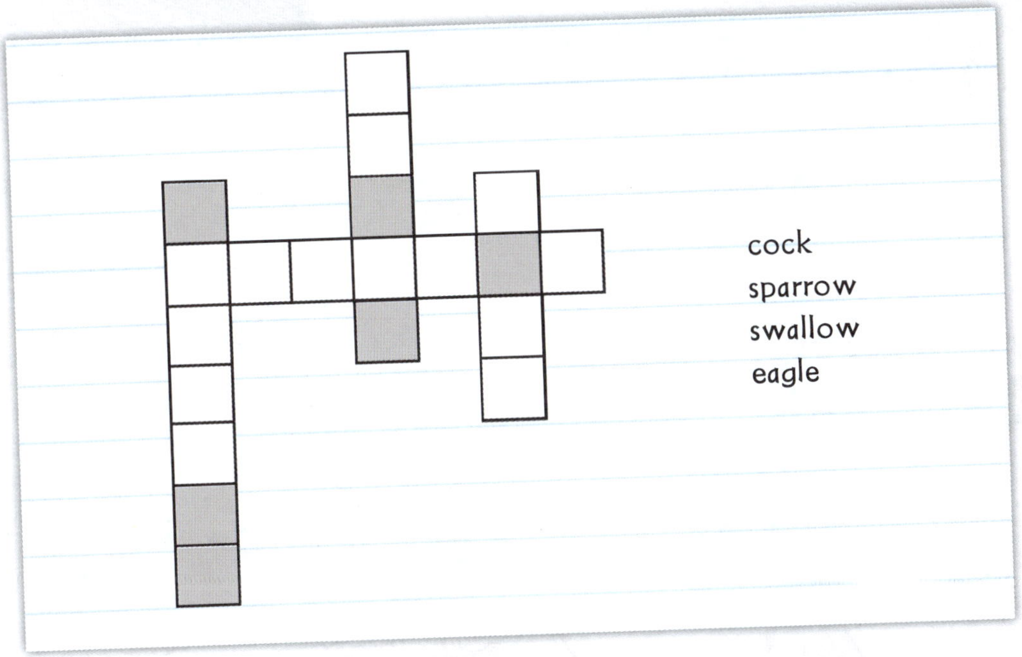

请在此写下你的答案：

....

▶ **如果那只鸟的名称里面含有字母a，那么请跳转到No.187。**
▶ **如果那只鸟的名称里面含有字母o，那么请跳转到No.87。**

No.118

“我脑袋里从来不会装无用的信息。” 福尔摩斯先生对你说道。

▶ **扣2分，返回No.84。**

No.119

你向福尔摩斯先生讲述了你的发现。他问你：“您没能发动那台机器吗？太遗憾了。那台机器是通电的吗？” 你在福尔摩斯先生的指导下，拔掉了机器的电源，以便将它带走。“要不，您再讲讲雾气和油的气味是什么样的？” 这时，你努力联想，终于想到了一种具有类似气味的动物，是哪种动物呢？

走走这个迷宫，找到与那瓶油有类似气味的动物。

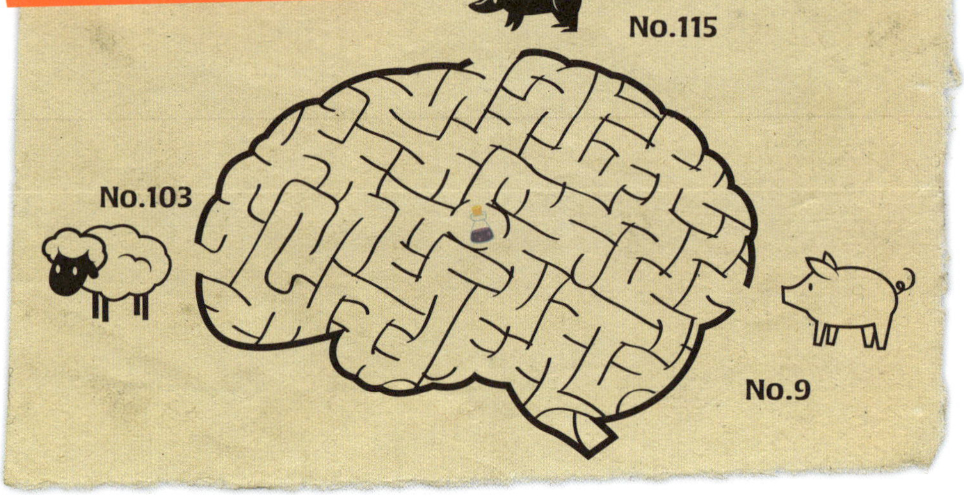

▶ **请跳转到正确的动物所对应的那条线索。**

No.120

“我脑袋里从来不会装无用的信息。”福尔摩斯先生对你说道。

▶ 扣2分，返回No.165。

No.121

福尔摩斯先生回复了你：“这是一个普通登山靴的鞋印，所有登山的人都会穿这种鞋。但是，如果能让我检查一下传单上残留的土壤，我就可以告诉您他去过哪里。您知道的，我已经将伦敦所有街区的土壤都记录在案了。您可以再发给我一份鞋印的放大图吗？”你照他说的做了。不一会儿，福尔摩斯先生给你打来了电话：“踩过这张传单的人一定去过海德公园的演讲角。我认识海德公园的土壤，而且这里面混合了一些木箱碎屑，那是因为演讲的人通常会站在木箱上对着人群说话。”

请在地图上找出海德公园的演讲角。海德公园是一个很大的公园，打开地图，你可以看到它就在你曾去过的英国自然历史博物馆上面。

▶ 请跳转到该地点旗子上的编号所对应的线索。

No.122

“不，你算错了，他买的比这还要多。”

▶ 扣2分，返回No.104。

No.123

“我脑袋里从来不会装无用的信息。”福尔摩斯先生对你说道。

▶ 扣2分，返回No.89。

No.124

你来到了科学历史部汤普森教授的办公室。教授立刻接待了你，并开始检查这台机器。她非常好奇，并问你那条线连着的是什么。你告诉她连着的是电源和一个奇怪的罐子。“这是伏特电池。我可以肯定地告诉您，这台机器是19世纪上半叶的产品。”她向你仔细解释了为什么这台机器是属于那个年代的。你边听边记，因为她说得实在是太快了。

- 意大利物理学家亚历山德罗·伏特在1800年发明了电池，摄影技术在1835年还未被发明。
- 电力照明发明于1809年，但是发明者既不是德国人，也不是法国人。
- 法国人的发明于1826年问世。

请用蓝色表格来整理信息：在可以对应正确信息的格子里打“○”，在对应错误信息的格子里打“×”，将所有信息识别完毕。在整理完所有信息之后，填写紫色表格。

		国籍				年份			
		德国	意大利	法国	英国	1800	1809	1826	1835
发明	伏特电池								
	摄影艺术								
	电力照明								
	银镜技术								
年份	1800								
	1809								
	1826								
	1835								

		国籍	年份
发明	伏特电池		
	摄影艺术		
	电力照明		
	银镜技术		

请在此写下发明银镜技术的年份：

……………………………………

▶ **请跳转到该年份前三个数字所对应的线索。**

No.125

你钻入了一辆出租车。在伦敦，要去哪里才能找到动物军队的首领——老虎呢？在做了那么多道谜题之后，你的大脑已经有些转不动了。此刻，你的脑海里只剩下一些零散的碎片。

请将纸片上所有出现过3次的字母都去掉，剩下的那些字母拼成的词就是你的下一个目的地。

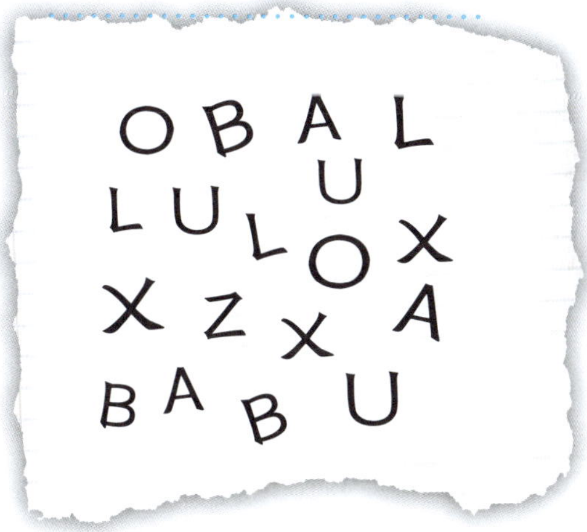

你应该去哪里？请写下答案。

……………………………………

请在地图上找到该地点，并跳转到该地点编号所对应的线索。

No.126

不，内奸既不是马修，也不是约翰和佩内洛普。

▶ **扣2分，返回No.26。**

No.127

还从来没有人试过用X射线望远镜去催眠别人呢。

▶ **扣2分，返回No.107。**

No.128

你将遥控汽车成功地藏在了一张桌子下面，这里可以拍到一切。你看到了那个红棕色头发、脸上长着一颗痣的男人，就是他抢走了警艇。此时，他将一只手放在一头公牛那么大的绵羊身上。绵羊按照他的指示将一只老虎带到了一面镜子前，镜子后面就是根据你找到的那张图纸制作的机器，它差不多是你在密室中发现的古老机器的10倍那么大。他准备改造老虎了。你不能让他得逞！你一边沿着遥控汽车行进的路线慢慢靠近房间，一边努力回想要怎么使用伦敦警方给你的催眠雨伞……你突然想到了一个好点子：如果老虎被催眠，它就不会被改造了。你摸出催眠雨伞，发现伞柄上嵌着3个带编号的小瓶，瓶中的催眠药水应该是不同剂量的。该选哪个小瓶呢？

催眠雨伞上有一个标签。
它有可能会给你一些提示。

▶ **如果你选择第1个小瓶里的药水，灌好之后开伞，请跳转到No.19。**

▶ **如果你选择第2个小瓶里的药水，灌好之后开伞，请跳转到No.190。**

▶ **如果你选择第3个小瓶里的药水，灌好之后开伞，请跳转到No.101。**

No.129

这个与奶牛有关的课题不会给你提供更多有用的信息。

▶ **扣2分，返回No.21。**

No.130

丹·飞利浦回复你："我发现了一个有关'皇家动物'的私密论坛。这个组织专门招募致力于保护动物的人士。但是要想加入他们的团队，必须通过一些考核，解答一些谜题，以此来证明自己已经准备好全心全意投入到保护动物的事业中。您刚刚跟我说他们今天组织了一场游行？依我看，这场游行跟伦敦城中的5座龙的雕像有关。我把第一道谜题发给您，您可以通过它找到第一座龙雕像。"

你收到了一道跟动物有关的谜题。请填写旁边的表格，注意每个横行、纵列以及两条对角线上都不可以出现相同的动物。用动物名字的首字母来填写表格即可。

RAT　　CAT

SHEEP　　MONKEY

M			
	S		
			S
		M	R

填完之后，两个灰色格子上会出现两个不同的字母，分别对应两种不同的动物。请分别写出这两种动物英文单词中所含字母的个数并将其合成一个数字，这就是你的下一个线索。注意，浅灰格子中的动物名所对应的字母数在前。

请在此写下这两个灰色格子中的动物名：

……………………………………

浅灰格子中的动物名包含几个字母：…………

深灰格子中的动物名包含几个字母：…………

▶ **这两个数字合在一起，就是下一个目的地。**

请在地图上找出该数字所对应的地点，并跳转到相应线索。

No.131 一条运河边

你来到了一条运河边。运河边有一个停车场，他们很可能就是在这里放下动物的。说不定他们是通过水路运走动物的。你仔细寻找着线索，不禁心惊胆战：情况实在太危急了，千万不能让被放大了的老虎跑到伦敦街上来。你刚靠近水边，一只天鹅就向你游了过来，并衔来一顶皇冠的碎片放在了你的脚边。你目瞪口呆，这只天鹅似乎想要告诉你些什么，就像那只乌鸦一样。你跟着这只天鹅。它在一座桥边停下，昂起头用喙指向桥上。

▶ 如果你打算从桥下过去，那么请跳转到No.193。

▶ 如果你打算上桥，走上面的路，那么请跳转到No.189。

No.132

再仔细听听看，难道你没有听到你一直在寻找的那个组织的名字吗？

▶ 扣2分，返回No.13。

No.133

你跑得太远了，在近一点儿的地方找找看。

▶ 扣2分，返回No.103。

No.134

你走进这家店，在摆满食肉植物的架子上，你看到了一沓传单，正是你参加过的那场游行的传单。这家店铺一定和“皇家动物”有关系。但是你最好不要直接跟店员聊这个。你假装对店里的仙人掌很感兴趣。就在这时，一个长着络腮胡子的男人从里面的一扇门走了出来，他头上戴着一顶皇冠，走出这家店，到了街上。你趁机走近了那扇门，却发现门被字母密码锁锁住了。

你看了看四周，发现门边上有一幅画：这可能是个线索。

请在此写下你获得的密码：

....

► **如果你的密码是以G结尾，那么请跳转到No.23。**

► **如果你的密码是以R结尾，那么请跳转到No.100。**

No.135

你绕远了，你可以找到一条距离比现在近一半的路线。

► **扣2分，返回No.7。**

No.136

“是的，我一共饲养过11个品种的绵羊。羊毛脂是一种由绵羊分泌出的油脂，可以起到保护羊毛的作用。羊毛脂中还含有维生素D，有利于骨骼的生长。”

“我正在为警方调查一个案件。您能否告诉我，最近有谁来买过羊毛脂？”你打断了饲养员的介绍。

“我们这里羊毛脂的产量很少，所有产品都供应给了一个药店。但是昨天，一名戏服师从我这儿买走了最后一罐羊毛脂。我觉得很奇怪，因为他本来是要为他的剧团买羊皮制作服装的，但当他看到羊毛脂后，就坚持要买一罐。我记不清他的样子了，只能告诉您他看起来十分匆忙，并且他说自己走回剧院需要28分钟，回去的路上得过一座桥。”

请在地图上找到从农场步行28分钟可以到达的剧院。注意，在剧院的另一侧也有一座桥。

No.137 第三座龙雕像

你来到了第三座龙雕像前，它位于伦敦桥上。这一次，你在雕像脚下发现了一张纸条。

请将下面的图形剪开，拼出通顺的句子，然后读出它的内容。

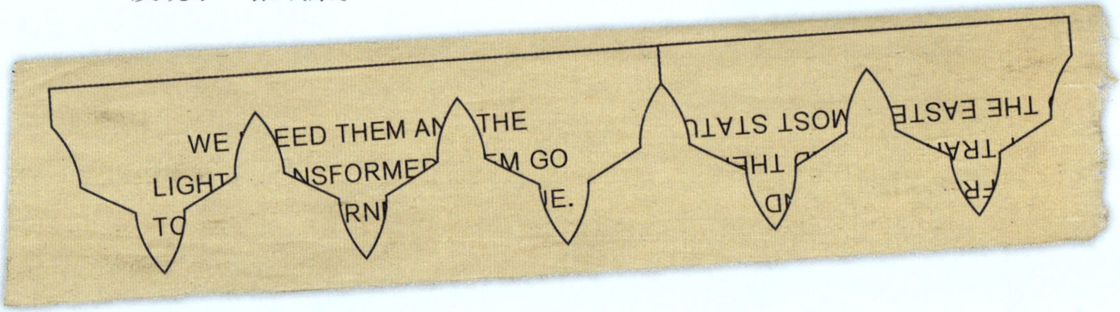

请在地图上找到你要去的地方。

No.138

你找错地方啦，那家著名的店铺不在这儿。

▶ 扣2分，返回No.7。

No.139

口红？你并不需要，除非案情需要你化装成一位女士。

▶ 扣2分，返回No.107。

No.140

你打电话给柯龙巴·冯德，她回答道："是的，我认识这个签名。'皇家动物'是一个组织的名称，这个组织是反对人类统治动物的。他们曾几次被怀疑掳走了别人家养的动物，这也损坏了他们的声誉。这个组织的创始人之一是位科学研究者。他在英国自然历史博物馆工作，他名叫……"突然，通话中断了，但柯龙巴·冯德马上给你发了一条短信来补充刚刚没说完的话，但是这条短信里有一堆重复的字母。

请删除所有重复出现的字母，剩下的就是你需要的人名。

请在此写下你的答案：

……………………………………

▶ 如果他的名字由三个字母组成，那么请跳转到No.18。

▶ 如果他的名字超过三个字母，那么请跳转到No.113。

NO.141

太遗憾了，飞弹弹射得太高了！

▶ 扣2分，赶快回到No.101重新试试。

星期二，09:30

No.142 威斯敏斯特宫

你从没想过有一天，你会出现在英国女王演讲的现场并且身负保护皇室的重任。你所处的位置可以将国会开幕式和上议院尽收眼底。议院分为上议院（包含皇室贵族和上层阶级）和下议院（成员通过选举选出），全部议员都会出席旁听。

你一眼就看到了上议院议员中的卡莉斯塔·坎伯特·琼斯女士，她旁边还有几位戴假发的女议员。但是卡莉斯塔·坎伯特·琼斯女士头顶高耸的粉色头发让她显得格外突出。

你在议员们的红色长袍上发现了很多隐藏的小细节。数一数，一共有几处呢？

▶ 如果你看到的动物和物品数量等于或少于3，那么请跳转到No.184。

▶ 如果你看到的动物和物品数量等于或多于4，那么请跳转到No.146。

No.143

你弄错钥匙了。

▶ 扣2分，返回No.161。

No.144

你没发现任何线索，不管是龙雕像上还是雕像附近。

▶ 不扣分，但是要返回上一条线索。

No.145

在热带动物区，你看到了食蚁兽，但它跟橱窗上贴的照片一点儿也不像，反而更像一只獾假扮的。真正的食蚁兽一定已经被偷走了，可是为什么要偷走食蚁兽呢？难道是因为它有长长的爪子？

对比上面两幅图，你发现了几处不同？

▶ **如果你发现的不同之处少于5个，那么请跳转到No.6。**

▶ **如果你发现的不同之处等于或多于5个，那么请跳转到No.33。**

No.146

国会开幕式是英国一年一度的盛事。它起源于16世纪，直到现在，还保留着很多古老又奇特的仪式。工作人员给了你一份国会开幕式的流程介绍，可以帮助你提前了解整个活动的流程。除了一定会有的阅兵式，流程中还有很多有趣的地方。

下面介绍了流程中的7项活动，你觉得有几项是错误的？

- 在开幕式之前，女王的近身侍卫会对威斯敏斯特宫的地窖进行一次搜查。
- 下议院的某位议员会被留在白金汉宫作为人质，这是为了防止女王在开幕式期间被议会非法关押。
- 帝国皇冠会被放在女王马车前面的四轮马车上进行单独展示。
- 执达员会前往下议院通知众议员前来，但是他会被关在门外。
- 接着，执达员会敲3次下议院的门，然后，他才会被准许入内。
- 女王演讲。
- 下议院和上议院的议员一起鼓掌。

▶ **如果你觉得有3项或3项以下是错的，那么请跳转到No.47。**

▶ **如果你觉得有3项以上是错的，那么请跳转到No.159。**

No.147

你找错办公室了。

▶ **扣2分，返回No.98重新试试。**

No.148

仔细回想一下，找出那名杂技演员。

▶ **扣2分，返回No.191。**

No.149

你用那位祖先出生年份的四位数打开了密码锁。这扇门的后面还有另外一个房间，房间里弥漫着一股奇怪的动物的味道。在房间中央，有一台刻满浮雕的古老机器，它还带有黄铜齿轮机关。你从各个角度打量着这台机器，发现有一条线将它与一个装满金属片的罐子相连。你不知道这台机器是用来做什么的，也不知道怎么把它打开。它似乎在朝着地上的某个物体移动。你朝那个方向走去，发现那里有一个很大的容器，里面装着很多只巨大的蜘蛛。

你一共看到了几只蜘蛛？

▶ **如果你看到了7只，那么请跳转到No.179。**

▶ **如果你看到了8只，那么请跳转到No.5。**

No.150

你的方法没错，无线网络密码就是70NDON3Y3。你连上了无线网，雷斯瑞德警官迅速搜到了国会开幕式的时间："就是明天！女王将要佩戴皇冠出席国会开幕式。我必须得加强安保措施。我马上打电话给卡莉斯塔·坎伯特·琼斯女士，她是上议院成员，她会给我们一些有用的建议。与王室相关的一切，她都很了解。我把她的名片给您，如果您有需要，可以找她帮忙。"雷斯瑞德警官沉默了片刻，接着小声说道："谢谢您，我必须承认您给我们提供了很大帮助。您吃过饭没有？这附近有一家炸鱼薯条非常出名，如果您想品尝本地美食的话，可以去试一下。我们明天7点在议会大厦见。"在去品尝传统美食之前，你顺便看了看卡莉斯塔·坎伯特·琼斯女士的名片。

雷斯瑞德警官推荐的餐厅位于集市上。它附近有一座桥和一座尖尖的金字塔形建筑。从伦敦眼走到餐厅大约需要20分钟。

▶ **请跳转到该餐厅旗子上的数字所对应的线索。**

No.151

你数错了。

▶ **扣2分，返回No.112。**

No.152

这条路太绕远了。

▶ **扣2分，返回No.201重新试试。**

No.153

你用飞利浦告诉你的方法说服了杰克·凯瑞给你开门：“我知道您是反对‘皇家动物’组织和ARMY项目的，我可以帮助您。”于是，他说道：“我在年轻的时候就加入了‘皇家动物’这个组织，我以为我们是在努力保护动物。我们进行了很多秘密行动。后来，我开始思考，组织为什么要说服我做与羊有关的课题研究呢？为什么我加入组织12年，还是不知道谁是真正的领导人呢？后来有一天，我看到了一份关于ARMY项目的文件，原来他们想要组建一支动物军队来替他们打仗，那时我才明白。他们太疯狂了，太危险了，原来他们想要利用动物，而不是保护动物！”

“那么‘皇家动物’组织想利用您的研究做什么呢？”你问道。

“我也不知道！”杰克·凯瑞说道。

“我研究的是光照与动物神经和肌肉生长的关系。我的一个实验测试的就是在不同光照条件下，绵羊的生长状况是否也不相同。”

观察这两幅图，并在此记下你发现有几处不同：

....

▸ **如果你发现了6个以上的不同之处，那么请跳转到No.15。**
▸ **如果你发现了6个以下的不同之处，那么请跳转到No.98。**

No.154

睡觉之前，你把闹钟时间设定为英国时间明早6点。现在，你开始在地图上找议会大厦的位置，那个地方也被叫作威斯敏斯特宫。

▶ **请跳转到该地点旗子上的数字所对应的线索。**

> 英国召开国会的地方与大本钟位于同一建筑之内。该建筑位于泰晤士河畔，伦敦警察厅的南面。

No.155

“哦，亲爱的！我对此一无所知，非常遗憾！”卡莉斯塔·坎伯特·琼斯女士对你说道。

▶ **扣2分，返回No.112。**

No.156

你跟着无人机跑了一段时间后，气喘吁吁地停了下来。你突然明白，自己是追不上无人机的，让乌鸦去跟踪它似乎更合适一些。

▶ **扣2分，返回No.125。**

No.157

有一只斑马被偷走了。而且在大猩猩馆里，你也没有看到全部大猩猩。介绍中说动物园共有4只老虎，你却只看到了3只老虎在笼里踱步和抓墙。

你来到了动物园园长的办公室，他扬起眉毛对你说：“您可真是神速，我才刚刚向伦敦警察厅报告我们动物园里的老虎失踪了，您就来了！”你向他解释了动物失踪问题的严重性，因为被盗的不仅有老虎，还有一只食蚁兽、一只斑马，还可能有一只大猩猩。园长听了你的话，马上派动物饲养员前去核实，迅速确认了斑马和食蚁兽的失踪。园长邀请你和他一起去监控室查看：“您跟我一起来看一下动物园监控室里的录像。这个时间，我们已经喂所有动物吃过东西了。如果哪个动物的盆里还有食物，那么它一定是失踪了！”在监控室的监控面板上，每个摄像头都有它对应的控制开关，按下开关就可以切换到对应动物所在馆内的监控画面。每个开关上都有一个密码标签，密码标签中的字母是动物名字拼音的声母，数字是该动物名称的字数。比如：LAO HU（老虎），它对应的密码标签就是LH2（2表示这个动物名称共有两个字）。

请将每个动物与它对应的食盆连接起来，看看哪个动物失踪了。

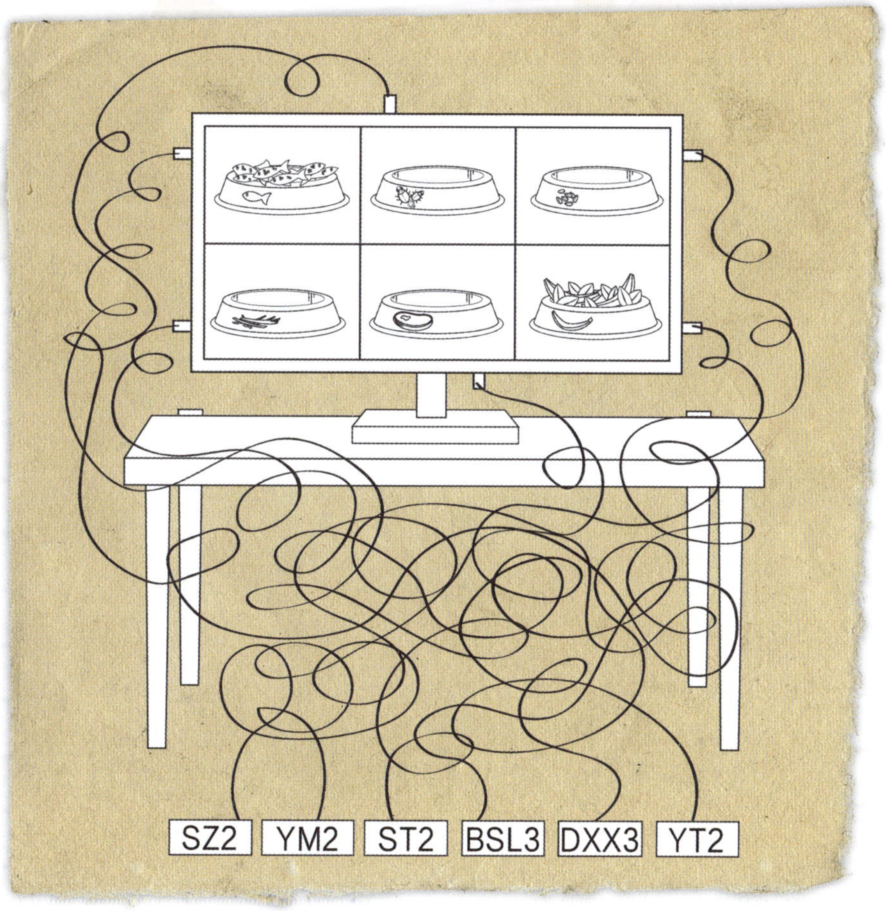

你需要获得两个数字。

第一个数字：有几个动物失踪了？

……………………

第二个数字：将失踪动物名称的字数相乘，得到的数字是：

……………………

▶ **这两个数字一前一后连在一起，就会构成你要前往的下一条线索编号。**

No.158

宫殿内铺满了大理石的地板，四周都是镀金装饰和天鹅绒，毫无疑问，这就是大名鼎鼎的英国王室宫殿——白金汉宫。一名身穿深色制服、戴着白手套的先生安排你坐在一个小客厅里等待。几分钟后，一位白发苍苍的老太太走了进来——英国女王！你笨拙地向她行了一个屈膝礼，她冲你笑了笑："我来是为了感谢您。多亏您的帮助，我们才能找回那些珠宝。我们的珠宝师将会对它们进行修复，但最重要的是这件事情没有对外传开！我非常感谢您的谨慎。那位都铎先生已经被关押了，他的机器也被摧毁了，所有的动物都回到了主人身边。您好像还接受了我的展翅士兵梅林的帮助，对吧？我说得够多了，现在是喝茶的时间了。"最后，女王表示英国会永远张开怀抱热情地欢迎你的到来。

案子终于结束了。雷斯瑞德警官特意请了一天假，陪你畅游伦敦。不过，你希望你们的一日游不会再遭遇这么多的波折了。

No.159

有些活动听起来很不可思议，但是其中只有一项是错的，那就是我们在演讲过程中不会鼓掌。

▶ **扣2分，返回No.146。**

No.160

“不好意思，我网上的联系人中没人能帮我查到相关信息。”丹·飞利浦遗憾地说道。

▶ **扣2分，返回No.170。**

No.161

你操控小汽车完成了漂亮的一击：一颗钻石从那台机器上被击落下来，阿尔伯特·都铎赶紧过去捡。此时，他来不及控制绵羊，所以绵羊马上又变回了温顺的样子，不再攻击你。这时，一只乌鸦突然俯冲下来，叼走了罪犯同伙手里的钥匙串，并将它抛给了你，然后又转身去攻击阿尔伯特·都铎和他的助手。没错，是梅林！你迅速跑向那些笼子，想为动物打开笼门，放出动物。警察不在的情况下，这些动物可以帮到你。

请将正确的钥匙插入它对应的锁里。哪个钥匙是你用不到的？

▶ **如果它的编号是双数，那么请跳转到No.174。**
▶ **如果它的编号是单数，那么请跳转到No.143。**

星期二，15:30

No.162 在出租车里

你在想，“皇家动物”组织的成员似乎提到将筹备一支动物军队为他们打仗，是不是和你之前找到的图纸上的那台大机器有关呢？他们已经有了三颗钻石和羊毛脂，如果他们发动了这台机器，会发生什么事呢？你给自然历史博物馆的研究员们打了电话，你想弄明白那台机器是怎么回事。

汤普森教授接了电话：“我正要给您打电话呢！我和凯瑞还有本特教授在一起，我们刚刚成功地发动了那台（micahen），然后发现了令人匪夷所思的现象。”由于手机信号不佳，你听得不是很清楚，她说的词有些被打乱了。你得想办法猜出来。“当光照在（dimonads）和（irromrs）上时，那些光的反射线交织在一起会形成一束刺眼的（yra）！我们已经在档案中（fodun）了这台机器的专利证书。它是乔治·（Tuodr）于1845年发明的。他将这台机器称作‘可以通过光照和（nalonil）来（crinease）动物（zesi）、改变动物（habevior）的机器’。当时人们都觉得他是个疯子，但是他发明的机器成功了。当我们发动机器时，强光中出现了一只（yfl）：它被放大了起码两倍。根据文件的描述，这台机器甚至还能（anstmorrf）（mseou）。如果用更大的钻石来发动机器的话，您可以试想一下……”这时，通话断了。真的是难以想象！如果用那三颗被偷的大钻石来发动一台改良版的机器，那么它是否能够改造一只老虎呢？还有那个组织所说的动物军队，一切阴谋都已经昭然若揭，可他们还想改造哪些动物？他们又已经偷走了哪些动物？

请将括号内被打乱的单词字母重新排序，组成正确的单词，并解读汤普森教授所说的内容。

这件事情变得越来越危险了。为了保证自身的安全，你最好能借助一个工具来帮你查明现场的情况。出租车到达了摄政街上，这里刚好有一家非常有名的玩具店和一家宠物店。你让司机等你一下。

▶ 如果你选择去玩具店，那么请跳转到No.79。

▶ 如果你选择去宠物店，那么请跳转到No.203。

No.163

“您完全没有认真听我说话！” 卡莉斯塔·坎伯特·琼斯女士严肃地说道。

▶ **扣2分，返回No.186。**

No.164

你饿得不会思考了。

▶ **扣2分，返回No.62。**

No.165

你发现有一位杰克的研究领域与羊有关，这绝不仅仅是巧合。你敲响了杰克·凯瑞办公室的门，询问这位科学家是否听过“皇家动物”组织。他愤怒地回答道：“我不想再听到这几个字！”然后立马把你请出了办公室。这样看来，他就是你要找的人了。但是怎样才能让他把门再打开呢？你必须了解他和“皇家动物”组织之间发生了什么。那么，在你的线索提供人中，谁能为你提供相关信息呢？

柯龙巴·冯德

No.44

夏洛克·福尔摩斯

No.120

丹·飞利浦

No.71

No.166

在这样的紧要关头，做这种逻辑推理游戏题真是格外紧张刺激，好在你成功了。你发动了遥控汽车，并在应用中输入了这8个数字，手机屏幕上立即显示出摄像头拍到的画面。现在，你必须通过遥控让你的车子不被人发现，当然也不能发出任何声音。注意不要让车子碰到墙壁或其他障碍物。

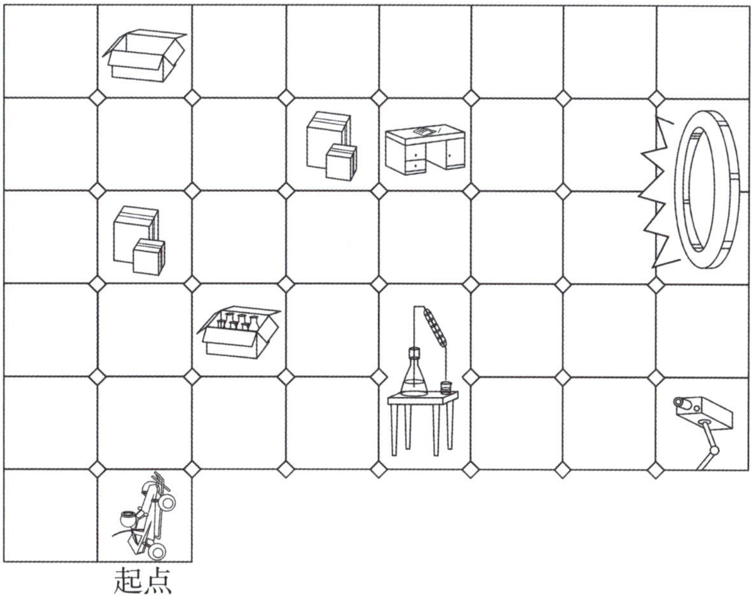

你有四个操作键：右转、左转、前进和后退。注意，转向时不会前进。要想看清屋内的状况并且不被摄像头发现，你需要以怎样的顺序来操作这些方向键呢？

▶ **如果你选择第一个方案，那么请跳转到No.128。**

▶ **如果你选择第二个方案，那么请跳转到No.177。**

No.167

“这件事不在我的能力范围内，我没法儿帮到您。”柯龙巴·冯德遗憾地说道。

▶ **扣2分，返回No.4。**

No.168

“不好意思，我网上的联系人中没人能帮我查到相关信息。”丹·飞利浦遗憾地说道。

▶ **扣2分，返回No.189。**

No.169

没错，罗杰就是动物园里的内奸。园长和你将运送动物的作案车辆的信息发送到了伦敦警察厅。警察通过车载GPS定位系统发现了这辆车在本周内经常去同一个地点。

根据GPS定位系统，警察发现这辆车经常去卡姆登市场，该地点位于你当前位置的东北方向，步行约11分钟可到达。

▶ **请跳转到该地点编号所对应的线索。伦敦警察厅的同事们也正在赶过去。**

No.170

这道题对你来说简直是轻而易举。解完题，你将目光锁定在了报纸上的徽章上。它让你想起了你在肖尔迪奇密室的墙上看到过的徽章。你把报纸上的徽章和你在密室用手机拍的徽章进行了对比，发现它们并不完全相同。为什么密室中的徽章和代表英国王室的徽章会如此相像？

现在你需要寻求帮助，在你的线索提供人当中，谁最了解英国皇室？

夏洛克·福尔摩斯

No.35

卡莉斯塔·坎伯特·琼斯女士

No.7

柯龙巴·冯德

No.95

丹·飞利浦

No.160

No.171

天哪，你就快迟到了！

▶ 扣2分，返回No.196，再仔细看看那张传单。

No.172

“您答对了，欢迎您加入‘皇家动物’组织，和我们一起保护动物。这顶皇冠就是您加入组织的标志。”一个人边说边递给你一顶和他头上戴的一模一样的皇冠。就在这时，他的同伴接到了一个电话。同伴挂断电话后，对他小声说了些什么。

“抱歉！您不能加入我们！”他从你手中拿走皇冠并和同伴一起匆匆离开了，把你一个人留在了原地。太奇怪了，你看了看四周，发现不远处停着一架无人机。难道你被监视了？那该怎么办呢？

▶ 如果你觉得已经掌握了一些线索，知道了继续调查的方向，那么请离开这里，并跳转到No.125。

▶ 如果你决定跟着这架无人机继续调查，那么请跳转到No.156。

No.173

太可惜了，飞弹射得太低了！

▶ 扣2分，赶快回到No.101重新试试。

No.174

你终于放出了所有的动物。梅林飞到你的身边，命令这些动物攻击都铎和他的同伙。狨猴冲到他们的身边，拉扯他们的耳朵；斑马和羊驼围绕着他们，使劲拱他们的身体。这些家伙被动物围成一团，完全不能动弹，更别提靠近机器了。这些动物对他们毫不客气，显而易见，他们根本不是动物的朋友。

终于，雷斯瑞德警官和后援部队赶到了。她看到这一切后非常吃惊，但是优雅的英国女性从来不会过分显露自己的情绪。她仅仅说了一句：“非常感谢您！”当她掏出钢笔和笔记本准备记录案件情况时，她的手机响了。她接通后，认真地听着，并且频频点头。接着，她转过身来，面带微笑地对你说：“我们必须马上前往……先不告诉您，我要给您一个惊喜，这是一个特别重要的约会。您可以猜猜我们要去哪儿。”

要想知道你们要去的地方，你需要将以下字母填在下面的方格里。注意，并不是上排字母就一定要填在上排格子里。

PA BUNG
LACK ICE HAM

请在地图上找到该地点：这是一座大型建筑，它有一个方形的庭院，靠近花园，并且面向一根柱子，那根柱子顶端有一座展翅飞翔的天使雕像。

▶ 请尽快跳转到该地点编号所对应的线索，大家都在那儿等你呢！

No.175　福南梅森茶餐厅

一走进福南梅森茶餐厅，你的目光就被一面彩色粉笔画墙所吸引。这个地方仿佛被时间遗忘了一般，正在等待你的那位女士也是一样：粉色的头发，装束打扮是上世纪80年代风靡英伦的朋克风。你向她致意，并坐在了她对面。卡莉斯塔·坎伯特·琼斯女士拿出了一本相册，里面画有各式各样的英国名门望族的徽章。她很快就找到了你想要了解的那两个。

比较这两个徽章并找出有几处不同。

▶ **如果你找到了7个不同之处，那么请跳转到No.88。**

▶ **如果你找到了8个不同之处，那么请跳转到No.186。**

No.176

这里没什么好看的。不是这家博物馆。

▶ 返回No.113。

No.177

你的遥控汽车被摄像头拍到啦！赶快后退，不要再浪费时间了。

▶ 扣2分，返回No.166。

No.178

你要去的地方不是牛津广场。

▶ 扣2分，返回No.7。

No.179

你没数清到底有多少只蜘蛛。

▶ 扣2分，返回No.149。

No.180

▶ 扣2分，返回No.124。

No.181

账算得不对，账单总共是59英镑，相当于68欧元，她应该找给你2欧元。

▶ 扣2分，返回No.79，要回她少找的钱。

No.182

▶ 扣2分，返回No.124。

No.183

看到你在认真听她讲话，汤普森教授很高兴。她不能立刻发动这台机器，因为如果用大功率去发动它，可能会将它损坏。但是她成功地打开了机器，在几根细棒支撑着的镜子周围，镶嵌着几块多面玻璃。“我想，这些亮晶晶的东西可能不是玻璃，而是钻石。我去叫我的同事阿瑟·本特，他是一位宝石学家。”教授说道。

本特教授来了，他仔细看了看这三块晶体：“是的，这些是钻石！这么大的钻石，肯定是有相关记录的。我们要想办法辨认出它们。您知道钻石的计量单位是克拉吗？克拉这个名字来源于角豆树的种子，它是古时候人们所使用的重量单位。角豆树的每颗种子重量都相同，为0.2克。我这里有一个天平，但是我只有20颗角豆树的种子，我们来想办法测量一下这几颗钻石的重量……”

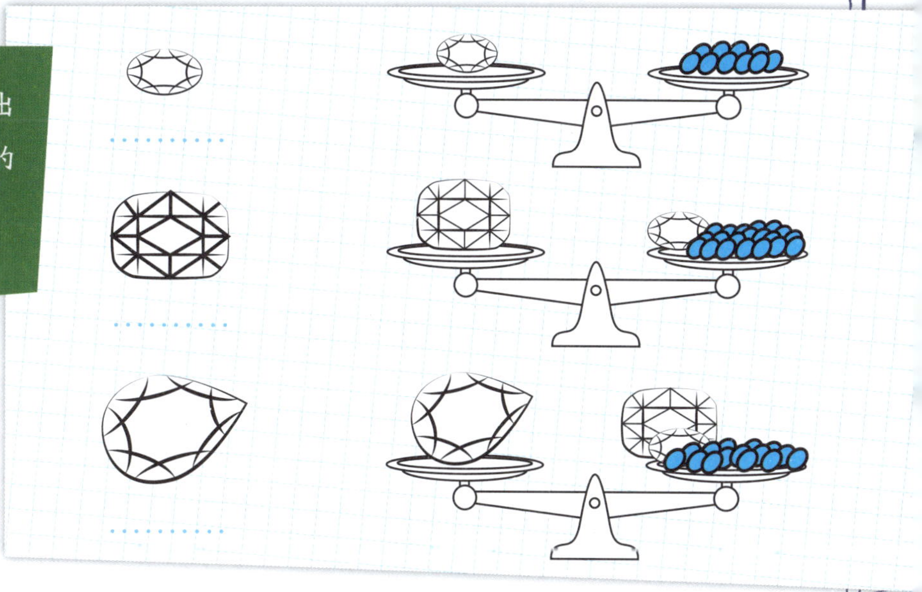

▶ **如果你认为最大的那颗钻石克拉数接近40，那么请跳转到No.76。**
▶ **如果你认为最大的那颗钻石克拉数接近50，那么请跳转到No.67。**

No.184

你应该再仔细看一看。 ▶ **扣2分，返回No.142。**

2
K
2
4
k
6

星期二，17:00

No.185　卡姆登市场

你好像正好打扰到了福尔摩斯先生的午休，但是当你告诉他你在哪儿的时候，他没有令你失望："您现在在卡姆登市场，伦敦著名的跳蚤市场。那里的商铺有很大的库房，它们是通过运河连通的。您可以沿路仔细看看那些商铺的墙面：很多店主请了艺术家来装饰他们店铺的墙面，在墙面上以画谜的形式来介绍店主的名字和商铺经营的项目。这是那个街区的传统。"

店铺2墙上画谜的内容是"Dennis Café"（丹尼斯咖啡厅），店铺4墙上画谜的内容是"Délicat éléphant"（大象瓷器）[注]，店铺6墙上画谜的内容是"Tournesol Tudor"（都铎向日葵）。请根据每家店铺墙上的信息，找到你要进入的那家店铺。

▶ 如果你选择的是店铺2，那么请跳转到No.195。

▶ 如果你选择的是店铺4，那么请跳转到No.54。

▶ 如果你选择的是店铺6，那么请跳转到No.134。

注：在法语中，以"大象进了瓷器店"来比喻一个人不老练、谨慎的笨拙状态。

No.186

“的确，这两个徽章乍看很相似，仔细看却有8处不同。您用手机拍下的那个徽章是属于都铎家族的。您知道吗？在英国，有好几个家族是世袭制的，包括我们现在的君主所在的家族。我还要向您介绍一下英国历史上四位非常重要的女王。她们各自引领了一个时代并且分别属于不同的家族，她们是安妮女王、伊丽莎白一世、伊丽莎白二世和维多利亚女王。”

- 伊丽莎白二世，您是知道的，她是我们现在的女王。她属于温莎家族。
- 第二位女王是19世纪的，但她不属于都铎家族。
- 第三位女王是18世纪的，她属于斯图亚特家族，但是她既不是维多利亚女王，也不是伊丽莎白一世。
- 维多利亚女王属于汉诺威家族。

稍微动点儿脑筋，你就会发现要记住她们很简单，不是吗？

你试图给琼斯女士留个好印象，但是你觉得这些所谓“简单”的皇室历史其实一点儿也不简单。

伊丽莎白一世

请用蓝色表格来整理信息：在正确信息对应的格子里打“○”，在错误信息对应的格子里打“×”，将所有信息识别完毕。在整理完所有信息之后，填写红色表格。

		姓名				家族			
		伊丽莎白一世	维多利亚女王	安妮女王	伊丽莎白二世	温莎家族	斯图亚特家族	汉诺威家族	都铎家族
世纪	16世纪								
	18世纪								
	19世纪								
	20—21世纪								
家族	温莎家族								
	斯图亚特家族								
	汉诺威家族								
	都铎家族								

维多利亚女王

伊丽莎白二世

安妮女王

	姓名	家族
16世纪		
18世纪		
19世纪		
20—21世纪		

“那么，您现在知道了吗，伊丽莎白一世是属于哪个家族的？”卡莉斯塔·坎伯特·琼斯女士问道。

请在此写下你的答案：

………………………………

▶ **如果你认为她是属于都铎家族，那么请跳转到No.191。**

▶ **如果你认为她是属于斯图亚特家族，那么请跳转到No.163。**

No.187

表格肯定填错了，你要找的动物名字里没有字母a。

▶ **扣2分，返回No.117。**

No.188

这位教授研究的是和猪的繁殖有关的课题，对你的案件没什么帮助。

▶ **扣2分，返回No.21。**

No.189

你顺着桥上的路来到了一条热闹的商业街，但是你不知道该往哪儿走。你需要一个很聪明的人来给你一点儿提示……那么谁才是你最佳的线索提供人呢？

夏洛克·福尔摩斯

No.185

柯龙巴·冯德

No.64

丹·飞利浦

No.168

卡莉斯塔·坎伯特·琼斯女士

No.155

No.190

这个剂量的药水是用来催眠人类的，它的药力不够强。

▶ **扣2分，快速返回No.128，重新试试。**

No.191

“很好！您听得非常仔细。我的一位侄孙女跟我说过一段传闻：都铎家族并未没落，他们有一位后代自称将会成为王位的继承人。据传，所有都铎家族的人的头发都是红棕色的，并且脸上有一颗痣，就像伊丽莎白一世一样。”卡莉斯塔·坎伯特·琼斯女士说道。

这个线索有点儿意思。你向卡莉斯塔·坎伯特·琼斯女士致谢并告辞，然后返回酒店。快到酒店的时候，你在街上遇到了几个街头艺术家，准确地说是几名杂技演员。他们以“茶”为主题组成了人形金字塔。

这些杂技演员手上拿的东西大多是相同的，只有一样物品是独一无二的。到了酒店之后，你笑了起来：那名拿着唯一不同物品的杂技演员身上的编号和你的房间号刚好一样。

那名杂技演员拿的是什么？

....

你的房间号是多少呢？

▶ 148

▶ 154

请跳转到正确编号对应的线索。

No.192

你数错了。

▶ 扣2分，返回No.33，再仔细看看。

No.193

你从那座桥下离开的时候，天鹅也消失了。

▶ 扣2分，直接跳转到No.189。

No.194

这座龙雕像跟其他雕像不一样，它的颜色更深。雕像旁有两个头戴皇冠的人正在等你。他们拿走了你手中的牌子，并对你说：“请破解最后这道谜题，然后我们会给您一顶皇冠，作为欢迎您加入组织的标志。请找出我们的动物军队的首领，它将会带领军队取得胜利。”

根据提示将动物的单词填在相应的格子中，看看灰色格子中的字母会拼出哪个单词，这个单词代表的动物就是军队的首领。

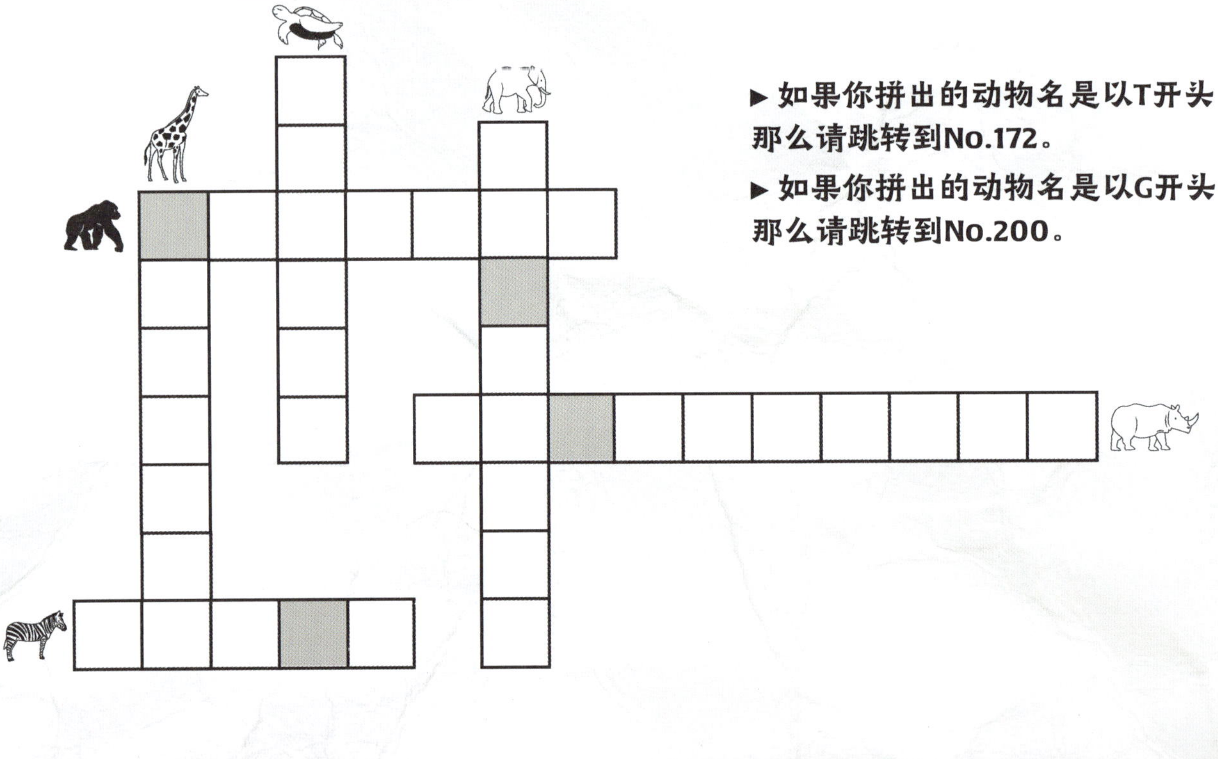

▶ 如果你拼出的动物名是以T开头，那么请跳转到No.172。

▶ 如果你拼出的动物名是以G开头，那么请跳转到No.200。

No.195

你进入了咖啡馆，仔细查看，但是没有发现用有的线索。

▶ **扣2分，返回No.185，重新理解画谜的含义。**

No.196

你来到了彼得·潘雕像的脚下。不想长大的彼得·潘被铃铛仙子、孩子们和各种动物包围着。你在兔子背后发现了一张纸。你拿起这张纸，看到了纸上的字谜！

请在此写下字谜的答案：

....

....

注意，现在的时间是12点20分。

▶ **如果你认为离赴约的时间还剩1个多小时，那么请跳转到No.171。**

▶ **如果你认为离赴约的时间还剩不到1个小时，那么请跳转到No.8。**

No.197

你数错了，请再试试。

▶ **扣2分，返回No.87。**

No.198 第二座龙雕像

你来到了第二座龙雕像前，你在雕像的盾牌后面发现了一张纸。

表格里的每一种动物对应着一个字母。现在，请你破解这条信息。

请在地图上找到这条信息所提示的目的地，并跳转到该地点编号所对应的线索。

No.199

你掀开了房间里的地毯，看到地板上有四块刻着字母的木板。

请将这四块木板重新排序，拼成一句话。看看这句话能告诉你什么。

请在此写下正确的木板顺序：

....

▶ **请将中间两块木板的编号组成一个数字并跳转到相应线索。**

No.200

“长颈鹿和大猩猩都不能带领我们的军队，你们还有两次机会。”能带领军队的动物就隐藏在灰色格子里。

▶ **扣2分，返回No.194。**

No.201 伦敦动物园

的确，收银员算错了。你要回了她少找你的钱，回到了出租车内并向伦敦动物园出发。不一会儿，你就来到了动物园。

动物园园长的办公室刚好设在老虎馆的上面，园地的高处。在去见园长之前，你想先确认一下动物园中的动物有没有失踪，所以你拿了一份动物园的地图，圈出了你要经过的9个场馆。你想要先看看那些或聪明、或凶猛、或珍稀的动物。至于企鹅，你倒是不太感兴趣，因为它们只会出现在动画电影里，而且憨态可掬，不会对人构成威胁。

请找出从动物园入口经过这9个场馆到达园长办公室的最短路线，注意不可以重复经过同一个场馆。画一画你的路线吧！

▶ **如果你画出了4段线，那么请跳转到No.145。**

▶ **如果你画出了5段线，那么请跳转到No.152。**

No.202

你进入了下水道，听到远处有脚步的回声。没错，抢匪走的就是这条路。但是很快你就听不到脚步声了，没法儿跟着脚步声追下去了。下水道里有很多条路，纵横交错，到底该怎么走，你毫无头绪。好在你运气不错，发现了抢匪留下的一些东西。首先是一条绳子，然后是一个登山扣，最后是一张布满鞋印的传单。上面的字已经看不清了，只能隐约看到你曾见过的“皇家动物”签名。

请你走出下水道中的迷宫，注意要以抢匪遗落下的东西为线索才能找到正确的出口。然后请跳转到正确出口的编号所对应的线索。

No.49　　No.70

No.203

宠物店能买到什么你需要的东西呢？你在这里一无所获。

▶ 还是去玩具店吧，跳转到No.79。

No.204

你可以找到一条更近的路线，并且不用换乘。

▶扣2分，返回No.8。

No.205

你可能忽略了一个细节。

▶扣2分，返回No.24。

答案

No.1

柯龙巴·冯德（COLOMBA FOND）名字的字母被打乱顺序后是BACON OLDFOM，请跳转到No.24。

No.5

蜘蛛暗示的内容是：在地毯下（UNDER THE CARPET），是一个地点，所以请跳转到No.199。

No.7

你的出发站点是伦敦桥站，所以第一个数字是1。你可以在圣潘克拉斯火车站换乘，站点编号为3，但是路程距离会多两倍，你也可以在格林公园换乘，站点编号为7。你的目的地站点为皮卡迪利广场，编号为5，不是编号为8的牛津广场。所以最短的路程方案为175，请跳转到No.175。

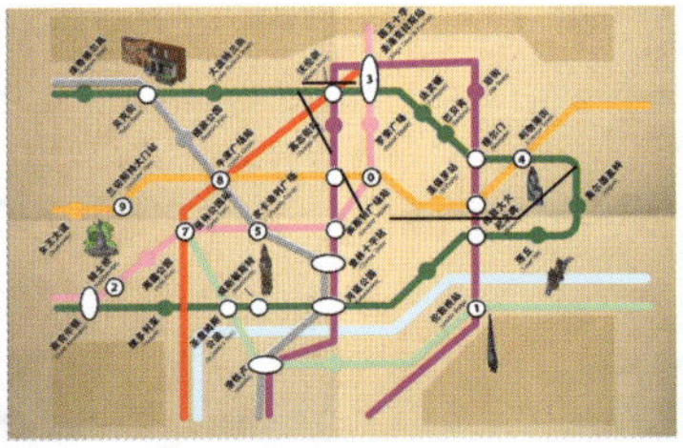

No.8

首先你需要在地铁线路图上找到这座大厦的位置。从彼得·潘雕像出发，你可以在编号为2的

骑士桥站上车，但是你得换乘。最近的路线是从编号为9的兰切斯特大门站出发，直接抵达编号为4的利物浦街站。因为中间不需要换乘，所以没有换乘站点的编号，请跳转到No.94。

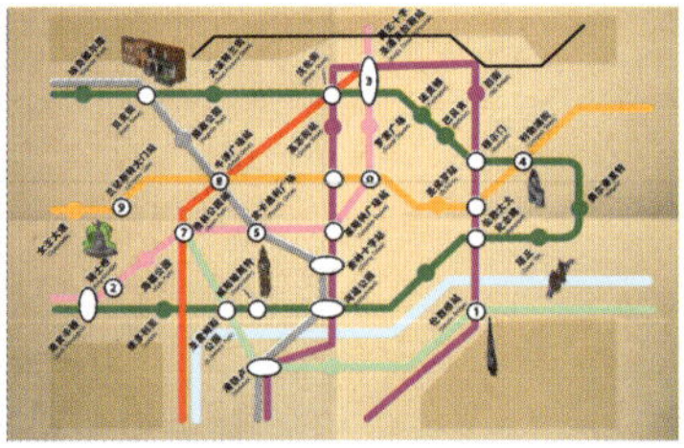

No.10

不断重复的单词是CODE。如果将所有C、O、D、E全部删掉，就只剩下“ROYAL”这个词，以字母L结尾。请跳转到No.109。

No.12

福尔摩斯住址在地图上对应的编号是27，请跳转到No.27。

No.13

将缺少字母的单词填充完整后，得到的句子是：Protect royal animal, you want! Find Peter Pan Statue and his flute, you must! 翻译成中文的意思：想要保护“皇家动物”，你必须找到彼得·潘的雕像和他的笛子。请在地图上找到彼得·潘雕像，雕像编号为196，所对应的线索为No.196。

No.16

根据特征判断，那位祖先诞生于1820年。1+8+2+0=11。这是一个单数，请跳转到No.149。

No.17

你画出的路线的图案为数字83。请跳转到No.83。

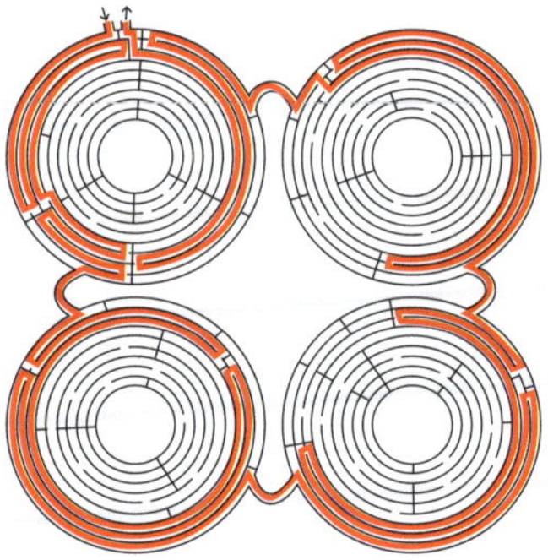

No.20

请在地图上找到你要去的地方——伦敦眼。它在地图上的编号为40，请跳转到No.40。

No.21

跟羊有关的线索很可能有助于破案。请跳转到No.165。

No.23

从数字1开始，看到数字1时，我们会说1个1，写成11，说成2个1，写成21，说成1个2、1个1，写成1211，说成1个1、1个2、2个1，写成111221，说成3个1、2个2、1个1，写成312211，说成1个3、1个1、2个2、2个1，写成13112221，说成1个1、1个3、2个1、3个2、1个1，写成1113213211。最后一个数字是1，所以请跳转到No.166。

No.24

没有同款的那辆车车牌上的数字是56，请跳转到No.56。

No.26

5名员工巡园的顺序如下：亚瑟、约翰、佩内洛普、马修、罗杰。参与犯罪的员工是罗杰，所以请跳转到No.169。

No.27

福尔摩斯先生的手语说的是“HMS Belfast”。这艘船在地图上的编号是97，请跳转到No.97。

No.30

班克斯隧道在地图上的编号是80，请跳转到No.80。

No.33

只有8只斑马，所以请跳转到No.157。

No.36

鹦鹉说的是：“Where is the treasure island?”翻译成中文的意思是：“金银岛在哪里？”《金银岛》是罗伯特·路易斯·史蒂文森的一部著名小说，所以你应该去查看图书馆里的书籍，请跳转到No.50。

No.38

伦敦警察厅在地图上的编号是91，请跳转到No.91。

No.40

旋转一整圈需要30分钟，那么到达最高处（即旋转半圈）所需的时间为15分钟，到达半高处所需的时间就是7.5分钟，你需要等的时间不到8分钟，所以请跳转到No.53。

No.42

将数字按照从小到大的顺序连线后，你可以看到一个箭头和数字17。请跳转到No.17，攀上伦敦塔顶。

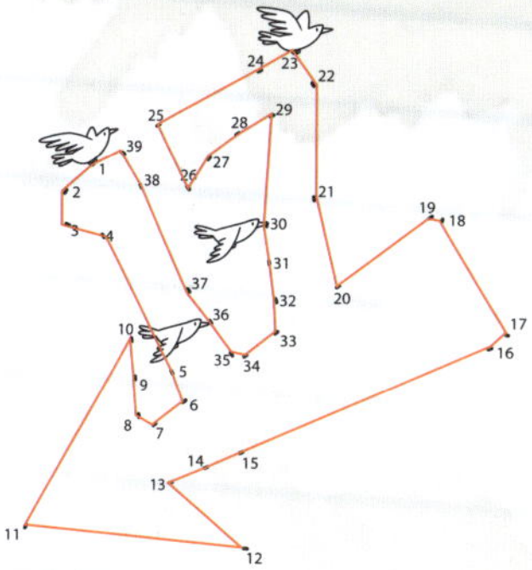

No.43

画谜暗示的是莎士比亚的名剧《罗密欧与朱丽叶》，请跳转到No.104。

No.46

根据军官的短信和雷达给出的线索在地图上锁定你的目标——肖尔迪奇街区，它在地图上的编号是60，请跳转到No.60。

No.47

抢匪是从下水道逃走的，因为他还没来得及合上窨井盖。请跳转到No.202。

No.50

鹦鹉说：“The birth of my ancestor can open the door.”意思是：“我祖先的诞生能打开这扇门。”请跳转到No.16。

No.52

盗贼跳下的那座桥可以让火车和行人通过，名叫亨格福德和金禧桥。你经过了五座桥，但是不包括亨格福德和金禧桥与伦敦塔桥。请跳转到No.38。

No.53

答案是70ND0N3Y3。将数字相加7+0+0+3+3=13，继续相加1+3=4，4是双数，所以请跳转到No.150。

No.56

将元音字母补充完整后，这段文字为：“The Queen’s crown was stolen. Go to the Tower of London by the Thames.”翻译成中文的意思是：“女王的皇冠被盗了。赶快前往泰晤士河畔的伦敦塔。”伦敦塔在地图上的编号是66，请跳转到No.66。

No.57

不管你的年龄是多少岁，这道题目的答案永远是20。你可以试着用你母亲的年龄来算一下，就会发现答案始终是20！所以，请跳转到No.20。

No.60

壁画上所画的帆船，有3张是小的三角形帆，前面有6张是长的三角形帆。3和6合在一起的数字是36，请跳转到No.36。

No.62

灰色方框中的字母组成的单词是RAY（鳐鱼），请跳转到No.75。

No.63

题目中所有英文都是倒着写的，你需要将这些字母的顺序倒过来才能拼出正确的单词。将所有单词拼出来后，这段话的翻译如下：“请你解开这个谜题（puzzle），你必须坚持到测试（test）的最后，才有资格成为‘皇家动物’（animal）的一员。你的下个目的地（destination）是第二条龙（the second dragon）（即第二座龙的雕像）！它的位置在北面（north）。”请跳转到No.198。

No.66

正确的展厅编号为3,因为21和24都是3的倍数。请跳转到No.10。

No.67

盗贼的下一个目标是帝国皇冠。赶快跳转到No.57。

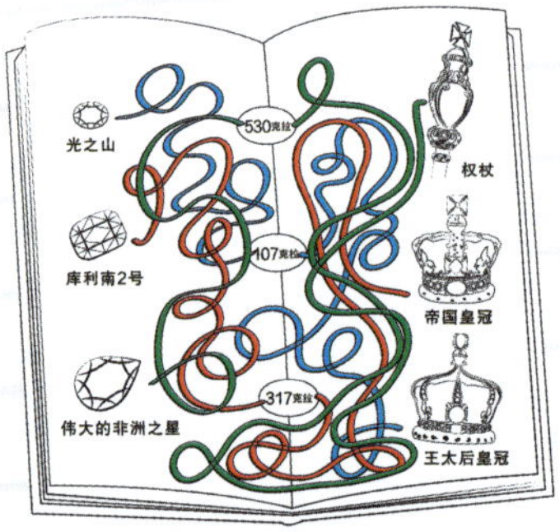

No.70

正确答案是212。上议院使用的是红色旗子，夏洛克·福尔摩斯住在贝克街，女王的皇冠是在另外一辆四轮马车上单独进行展示的。请跳转到No.4。

No.71

项目的名称是用国际无线电字母进行编码的。A代表Alfa，R代表Romeo，M代表Mike，Y代表Yankee。它们共同组成了ARMY（军队）这个词，所以请跳转到No.153。

No.74

将元音字母补齐后，可以得到的句子是：“It’s time to free their leader, go to the temple statue, the dark statue.”翻译成中文的意思是：“是时候去解放它们的首领了。请尽快赶往圣殿雕像，也就是那座深色的雕像。”请跳转到No.194。

No.75

女王最年长的曾孙是乔治王子。他叔叔的父亲是查尔斯王子。请跳转到No.170。

No.79

你一共应该支付59（30+25+4）英镑。如果1英镑等于1.15欧元的话，那么59英镑等于67.85（59×1.15）欧元。你给了收银员70欧元，所以她应该找你2.15（70−67.85）欧元。她算错了，少找了钱，所以请跳转到No.201。

No.80

用SPZBM BOJNBM这些字母的前一个字母来替换它们，这两个单词不需要前后颠倒就可以组成“ROYAL ANIMAL”（皇家动物）这个词组，所以请你跳转到No.84。

No.83

所有的船都可以顺利地从桥下穿过，因为伦敦塔桥是一座吊桥。请跳转到No.52。

No.87

请跳转到No.136。

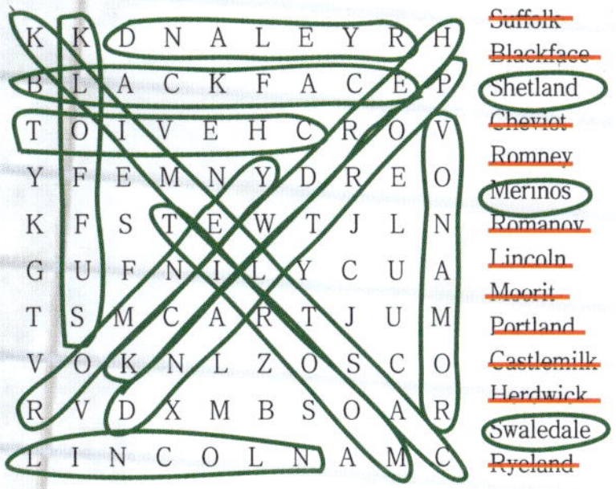

No.91

这就是嫌疑人相貌的电脑拼图。请跳转到No.116。

No.92

	钻石名称	钻石重量/克拉
圣爱德华皇冠	无钻石	0
王太后皇冠	光之山	105
帝国皇冠	库利南2号	317
权杖	非洲之星	530

镶嵌着“光之山”的皇冠是王太后皇冠，被盗的就是这顶皇冠。请跳转到No.42。

No.94

应该选择兔子（rabbit）标牌，因为rabbit里包含字母i，就像游行者所唱的那样：“要有爱（i）。”请跳转到No.89。

No.98

请跳转到No.124。

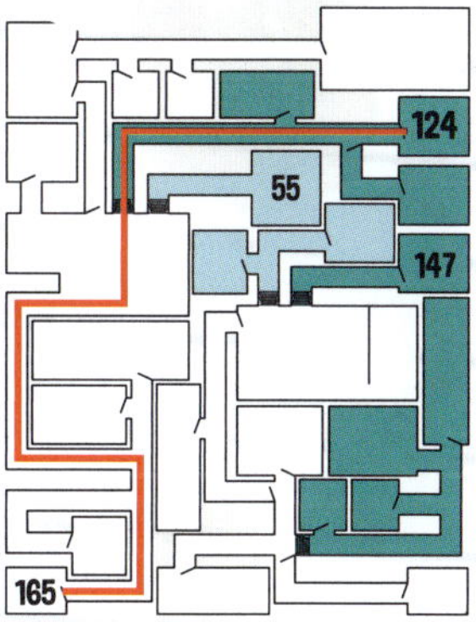

No.101

只有No.161的抛物线经过长为4米、高为2.5米的那个点，所以请跳转到No.161。

No.103

伦敦农舍在地图上的编号是117，请跳转到No.117。

No.104

如果戏服师购买了3张标准质量的羊皮，花费45（3×15）英镑，那么100英镑还剩55英镑。饲养员找给戏服师28英镑，那么他花了27英镑买羊毛脂。羊毛脂的价格为每升9英镑，所以他可以买到3升。请跳转到No.30。

No.107

根据对物品的描述，你应该选择雨伞。请跳转到No.12。

No.109

这句法语（DIEU ET MON DROIT）的意思是“我权天授”。请跳转到No.92。

No.112

一共有两处不同，请跳转到No.158。

No.113

根据提示在地图上找到你要去的地方——英国自然历史博物馆。它在地图上的编号是21，请跳转到No.21。

No.116

弓形指纹概率是5%，环形指纹概率是60%，旋涡形指纹概率是30%。作案者的指纹是最罕见的那种，所以是弓形指纹。请跳转到No.107。

No.117

灰色格子里的字母组成了goose（鹅），包含字母o，所以请跳转到No.87。

No.119

请跳转到No.103。

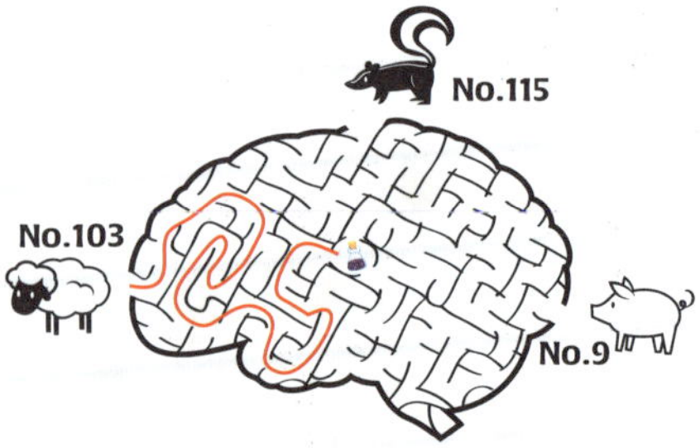

No.121

海德公园在地图上的编号是13，请跳转到No.13。

No.124

请跳转到No.183。

	国籍	年份
伏特电池	意大利人	1800
摄影技术	法国人	1826
电力照明	英国人	1809
银镜技术	德国人	1835

No.125

剩下的字母组成了单词zoo(动物园)。地图上动物园的编号是162，请跳转到No.162。

No.128

羊和人都比老虎要轻，奶牛的重量和老虎差不多或者比老虎更重，所以应该选择催眠奶牛的剂量，也就是牛的图案对应的第3个小瓶子。请跳转到No.101。

No.130

浅灰色格子中的动物为“monkey（猴子）”，单词中有6个字母。深灰色格子中的动物为“rat（老鼠）”，单词中有3个字母。所以请跳转到No.63。

M	R	S	C
C	S	R	M
R	M	C	S
S	C	M	R

No.131

天鹅向你指的方向是桥上，你要上桥并且走右边的路，所以请跳转到No.189。

No.134

解开密码锁的关键是中间那幅图上的老虎。图中还有两个由外朝内的箭头，提示你要在外圈中找出“老虎”中所包含的字母，然后再找出每个字母在里圈所对应的字母，所以你获得的密码是“IXVTG”。请跳转到No.23。

No.136

你要找的剧院在地图上的编号是43，请跳转到No.43。

No.137

将纸拼在一起会看到这样的句子：“We freed them and the light transformed them. Go to the easternmost statue.”翻译成中文的意思是：“我们已经解放了它们，但是光照改变了它们，赶快前往最东边的那座雕像。”请跳转到No.74。

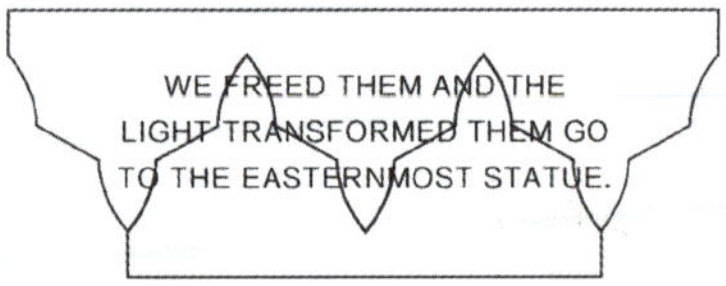

No.140

剩下的字母组成的人名是Jack（杰克）。请跳转到No.113。

No.142

隐藏的动物和物品数量为4，一只猫、一只羊、一只鸟和一个茶壶。请跳转到No.146。

No.145

有6个不同之处，所以请跳转到No.33。

No.146

这些流程中的活动只有一项是错的，那就是最后一项：女王演讲时和演讲结束后，是没有人鼓掌的。请跳转到No.47。

No.149

容器里一共有8只蜘蛛，请跳转到No.5。

No.150

这家餐厅在地图上的编号是62，请跳转到No.62。

No.153

这两幅图有5个不同之处。请跳转到No.98。

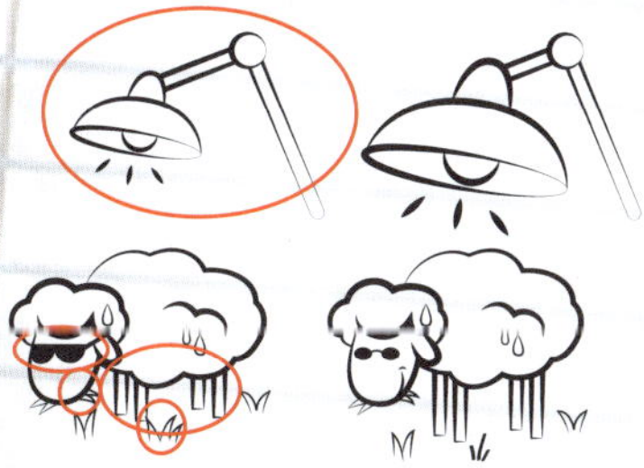

No.154

英国召开国会的地点——威斯敏斯特宫在地图上的编号是142，请跳转到No.142。

No.157

有2只动物失踪了：一只水獭和一只大猩猩。把它们名字的字数相乘，2×3=6。你要前往的线索是No.26。请跳转到No.26。

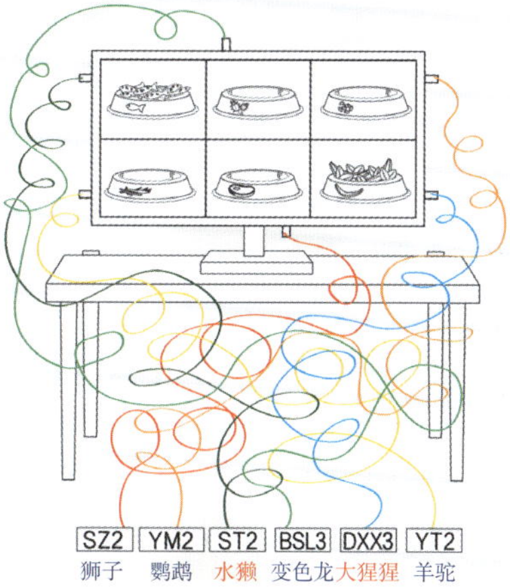

No.161

你唯一用不到的钥匙是第4把，是个双数，所以请跳转到No.174。

No.162

汤普森教授接了电话："我正要给您打电话呢！我和凯瑞还有本特教授在一起，我们刚刚成功地发动了那台（machine/机器），然后发现了令人匪夷所思的现象。"由于手机信号不佳，你听得不是很清楚，她说的词有些被打乱了。你得想办法猜出来。"当光照在（diamonds/钻石）和（mirrors/镜子）上时，那些光的反射线交织在一起会形成一束刺眼的（ray/光）！我们已经在档案中（found/找到）了这台机器的专利证书。它是乔治·（Tudor/都铎）于1845年发明的。他将这台机器称作'可以通过光照和（lanolin/羊毛脂）来（increase/增大）动物（size/体形）、改变动物（behavior/行为）的机器'。当时人们都觉得他是个疯子，但是他发明的机器成功了。当我们发动机器时，强光中出现了一只（fly/苍蝇）：它被放大了起码两倍。根据文件的描述，这台机器甚至还能（transform/改造）（mouse/老鼠）……请跳转到No.79，去购买一辆带有摄像头的遥控汽车。

No.166

答案是↑↑↰↑↱↑↑↱↑↑↰↑↱↑,选择第一个方案可以避开他们的摄像头。请跳转到No.128。

No.169

你要去的地方是卡姆登市场，它在地图上的编号是131，请跳转到No.131。

No.172

虽然没能成功加入"皇家动物"组织，但你掌握了"动物军队的首领是老虎"这个线索，可以继续调查。最明智的选择就是不动声色地离开，请跳转到No.125。

No.174

格子中的字母组成的词是Buckingham Palace（白金汉宫），它在地图上的编号是112。

B	U	C	K	I	N	G	H	A	M
		P	A	L	A	C	E		

No.175

一共有8个不同之处。请跳转到No.186。

No.183

结果是55。最大那颗钻石的重量=15颗角豆树种子+最小钻石重量+中等钻石重量=15+10+（20+10）=55。请跳转到No.67。

No.185

你在密室中发现了机器和家谱，都铎家族的徽章就在那幅家谱上。所以“都铎向日葵”这家店一定跟你的案件有关！请跳转到No.134。

No.186

伊丽莎白一世属于都铎家族。请跳转到No.191。

	姓名	家族
16世纪	伊丽莎白一世	都铎家族
18世纪	安妮女王	斯图亚特家族
19世纪	维多利亚女王	汉诺威家族
20—21世纪	伊丽莎白二世	温莎家族

No.191

唯一不同的物品是蛋糕。请跳转到No.154，也就是你的房间号对应的那个线索。

No.194

用灰色格子中的字母，可以组成TIGER（老虎）。请跳转到No.172。

No.196

纸上的字镜像后的内容是“At 13”（13点见）。现在是12点20分，所以离赴约的时间还剩40分钟。请跳转到No.8。

No.198

将字母一一对应填好后，可以拼出这样的句子：“Our animal army is ready，go to the dragon of the bridge in the east.”翻译成中文的意思是：“我们的动物军队已就位，请尽快赶往东边那座桥上的龙雕像。”请跳转到No.137。

No.199

中间两块木板上的编号组成的数字是31，请跳转到No.31。

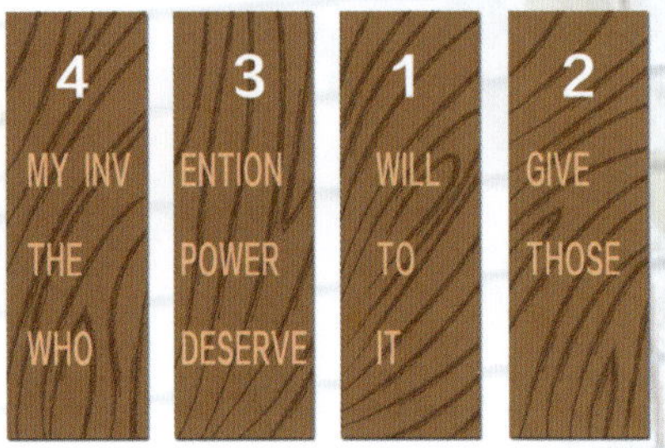

No.201

最短的路线只需要画4段线。请跳转到No.145。

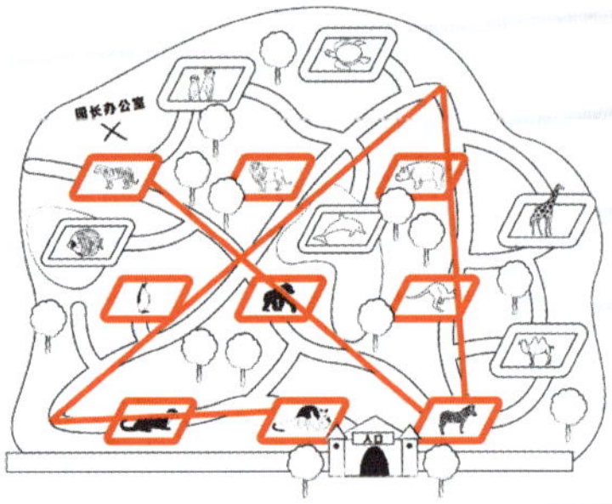

No.202

请跳转到No.70。

22岁，几乎把所有时间都花费在网络上。作为网络红人，他每天都会发布视频，并且有一大批忠实的粉丝。通过这些粉丝，他成功地潜入了一些最私密、最危险的讨论组，所以他对网络上和伦敦发生的一切都了如指掌——不管是上层阶级的新闻还是街头巷尾的小道儿消息。夏洛克·福尔摩斯和华生医生经常会寻求他的帮助。不管你需要哪个领域的信息，都可以咨询他。他喜欢各种音乐，也喜欢看各种日本动漫。

请沿虚线剪下来

没人知道福尔摩斯先生的真实年龄。这位鼎鼎大名的侦探思维独特，与众不同。他犀利的目光总能从别人察觉不到的细节中发现线索。他自视甚高，甚至有些傲慢，但那只是因为他不屑于将他的才华用在处理人际关系上。当你陷入僵局时，可以请求他的帮助，但是注意，不要没事就去打扰他，否则他不会再为你排忧解难，因为他的时间是十分宝贵的。

请沿虚线剪下来

请沿虚线剪下来

42岁，热衷于报道与巴黎盗贼相关内容的记者。她了解各种不法商贩和盗贼组成的秘密网络。她发表的文章总能轰动一时，因为她敢于揭发这些恶势力强大的地下网络。她15年前在警察局工作过，并且一直保留着警方线人的联系方式。如果需要了解不法分子、小偷儿或强盗的信息，找她准没错，她一定不会令你失望。她喜欢自己烘焙咖啡。

请沿虚线剪下来

她是一位年迈的贵族太太，尊贵的身份赋予了她很大自由，她喜欢将自己的头发弄成向上翘的朋克造型，穿着打扮也独树一帜。她的家族属于英国贵族阶级，因此，她是上议院的议员。她非常了解英国皇室的相关信息。当你对皇室规定、皇室家族或皇室历史有疑问时，你可以寻求她的帮助。她很喜欢摇滚乐，碰撞乐队（The Clash）是她的最爱。她身处贵族阶级，却是个资深朋克，这可真是罕见！

请沿虚线剪下来

侦探评分表

在开始破案前，你有100分。每犯一次错误，就会扣掉2分，请在这里记录你被扣掉的分数。在案件结束后，你会知道你是哪个等级的侦探！

如果你所扣的分数为：

○ ○ ○ ○ ○

0～10分，
你比福尔摩斯还厉害！

○ ○ ○ ○ ○
○ ○ ○ ○ ○

12～28分，
你是一位非常优秀的侦探！

○ ○ ○ ○ ○
○ ○ ○ ○ ○
○ ○ ○ ○ ○

30～60分，
你可以获得侦探工作证。

○ ○ ○ ○ ○
○ ○ ○ ○ ○
○ ○ ○ ○ ○
○ ○ ○ ○ ○

62～100分，
你是一位刚入行的侦探。不过不用担心，熟能生巧！

你可以在这页记录下自己的破案过程哟！

请沿虚线剪下刻度尺（尺子上的"min"代表"分钟"）

0min
1min
2min
3min
4min
5min
6min
7min
8min
9min
10min
11min
12min
13min
14min
15min
16min
17min
18min
19min
20min
21min
22min
23min
24min
25min
26min
27min
28min
29min
30min
31min
32min
33min
34min
35min

162
伦敦动物园
56
27
105
13
演讲角
196
38
112
91
21
142